SANTA MISSA

Dados Internacionais de Catalogação na Publicação (CIP)
(Câmara Brasileira do Livro, SP, Brasil)

Lira, Bruno Carneiro
Santa missa : para entender e amar / Bruno Carneiro Lira. – Petrópolis, RJ : Vozes, 2025.

ISBN 978-85-326-7139-4

1. Espiritualidade – Cristianismo 2. Liturgia – Igreja Católica 3. Missa – Celebração I. Título.

25-262326 CDD-264.02036

Índices para catálogo sistemático:
1. Missa : Igreja Católica : Liturgia 264.02036

Eliete Marques da Silva – Bibliotecária – CRB-8/9380

Bruno Carneiro Lira, OSB

SANTA MISSA

Para entender e amar

EDITORA VOZES

Petrópolis

Rua Frei Luís, 100
25689-900 Petrópolis, RJ
www.vozes.com.br
Brasil

Editoração: Natália Machado
Diagramação: Monique Rodrigues
Revisão gráfica: Nilton Braz da Rocha
Capa: Editora Vozes
Ilustração de capa: Lúcio Américo de Oliveira

ISBN 978-85-326-7139-4

Este livro foi composto e impresso pela Editora Vozes Ltda.

Sumário

"Quanto mais conhecemos, mais podemos amar, pois só se ama aquilo que se conhece", como diz Santo Agostinho no livro *Confissões*.
Essa citação nos faz despertar para conhecer a santa missa por meio de cada página desta linda obra. Dom Bruno clarificou, com maestria, para nós leigos, os aspectos importantes que nos fazem conhecer mais sobre a santa missa, que é o centro de nossa vida, o Cristo Vivo que se encontra no mistério do seu Corpo e Sangue. É o próprio Cristo que nos convida a bem participar da sua ceia nupcial. Para nós católicos, vale ressaltar que participamos da santa missa, e não assistimos à missa, já que não é uma mera encenação, e a busca pela compreensão da ceia do Senhor leva-nos a aprofundar a nossa fé, e isto faz a diferença enquanto peregrinamos para a Jerusalém celeste.
Aqui, você encontrará respostas sobre dúvidas frequentes referentes à celebração da santa missa, já que para nós católicos ela é a mais perfeita oração, exigindo uma boa participação em cada momento, para bem agradar a nosso Salvador.

Felipe Pacheco

Dedico
ao nosso arcebispo de Olinda e Recife,
Dom Paulo Jackson Nóbrega de Sousa,
e à Ir. Emanuela Mélo de Souza, OSB.

Prefácio

Ir. Emanuela Mélo de Souza, OSB[1]

O autor do livro *Santa missa: para entender e amar*, Dom Bruno Carneiro Lira, OSB, convidou-me gentilmente a prefaciar esta sua mais recente obra, dizendo-me ser a razão de uma tal escolha o fato de haver sido eu a introduzi-lo no estudo da Liturgia. Recordo-me bem do interesse, grande empenho e sensibilidade que o então jovem beneditino tinha pela disciplina, o que não atribuo à minha maestria no falar do *agir de Deus em nosso favor e do nosso agir comunitário dirigido a Deus*, mas ao elã com que o discípulo estudava, pesquisava, anotava, fazia perguntas... A verdade é que a

1. Beneditina missionária de Tutzing. Mestra em Liturgia pelo Pontifício Ateneu Santo Anselmo, Roma. Doutora em Liturgia pela Pontifícia Universidade Católica, São Paulo. Assessora em encontros de liturgia.

Liturgia se tornou uma das disciplinas preferidas de Dom Bruno.

É meu intento que o prefácio, que ora inicio, desperte o interesse do leitor, seja dinâmico e contenha informações relevantes. Desejo também que esta apresentação seja um convite à imersão, à curiosidade e à antecipação do que está por vir: o conhecimento da obra como um todo. Conforme o autor, o presente livro é um manual didático sobre a santa missa, celebração central de nossa fé, centro e raiz da vida de qualquer comunidade cristã, em qualquer tempo, em qualquer Igreja. Os irmãos ortodoxos costumam chamá-la de *divina liturgia*; os irmãos da reforma protestante falam da *ceia do Senhor*. Nós, católicos, continuamos dizendo "missa", embora tenha havido um esforço, com a renovação litúrgica do Concílio Vaticano II, de chamá-la de *celebração eucarística* ou *celebração da Eucaristia*.

Muito já se escreveu sobre a missa. E nenhum livro consegue abranger realidade tão complexa. O que a presente publicação procura trazer de novo sobre o assunto? Qual será o enfoque trabalhado? Apresentar de modo pastoral a santa missa para que os leitores possam entender e, entendendo, amem mais o mistério de nossa fé, memorial de Jesus em sua entrega, em sua Páscoa, em sua morte e ressurreição, sob os sinais singelos de uma ceia, na qual fazemos memória da morte e ressurreição do Senhor, em ação de graças e súplica ao Pai, partilhando, comendo e bebendo juntos o pão e o vinho, que nos unem a Cristo, na força do Espírito Santo. É saboreando o pão e o vinho, assimilando em nosso ser o gesto da doação e da partilha, que entramos em comunhão com Jesus Cristo em sua Páscoa e somos enviados em missão.

Na verdade, a presente publicação dirige-se ao fiel que frequenta a celebração eucarística a fim de que mergulhe mais profundamente, pela participação das partes que a compõem, dos ritos e dos símbolos, no mistério que está vivendo. Nasce da celebração vivida para a celebração a ser ainda mais bem vivida. Ao menos, é o que pretende o autor.

O livro *Santa missa: para entender e amar* não é nenhum comentário da missa, nem livro sobre Eucaristia, mas simples indicações que poderão ajudar o fiel a participar fervorosamente e com mais clareza da missa, por meio de uma melhor compreensão de suas partes, de seus ritos, dos elementos e símbolos aí presentes. Abre caminho para o fiel lançar-se de corpo inteiro na celebração. Visa a criar uma atitude celebrativa.

É fundamental para os fiéis conhecer, entender e amar a santa missa, e aqui gostaria de afirmar que é necessário resgatar o mistério pascal para a centralidade da espiritualidade e das celebrações da Igreja, e bem especialmente da celebração da Eucaristia. Como seria bom que nós, como Igreja, superássemos a rigidez das formas que priorizam a validade e licitude dos atos litúrgicos, bem como minimizássemos e reorientássemos os aspectos devocionais dos ritos, que os afastam de seu verdadeiro sentido. Os padres conciliares entenderam que a liturgia é a fonte e o centro da Igreja: "A liturgia é o cume para o qual se dirige a ação da Igreja e, ao mesmo tempo, a fonte de onde emana toda a sua força" (SC 10).

O Concílio Ecumênico Vaticano II retornou às fontes da Igreja e da liturgia para resgatar o essencial da fé cristã: o mistério pascal. A liturgia, no decorrer da história, afastou-se desse centro, apegando-se, muitas vezes, a elementos periféricos e devocionais que, embora não inválidos, deixavam de evidenciar o essencial. Portanto, é preciso valorizar o conteúdo anunciado pelos apóstolos em sua pregação, pois ele se torna o evento salvífico na celebração litúrgica da comunidade reunida, máxime na santa missa. Uma das aclamações da assembleia na conclusão da narrativa da Última Ceia é: *Anunciamos, Senhor, a vossa morte e proclamamos a vossa ressurreição. Vinde, Senhor Jesus* – o que podemos considerar uma síntese perfeita do mistério pascal.

Agradeço-lhe, de coração, Dom Bruno, por ter me escolhido para escrever o prefácio de seu livro sobre a celebração da Eucaristia. Quando de sua primeira aproximação com a disciplina Liturgia, há tantos anos, com certeza, não lhe vinha à mente que, um dia, escreveria livros sobre esta matéria. Menos ainda, que me incumbiria de prefaciar algum de seus livros. Pois é: a vida nos prepara surpresas, e esta é uma das tantas que ela lhe reservou... Continue amando a liturgia e ajudando pessoas a conhecê-la melhor e amá-la mais.

Apresentação

Este manual didático deseja apresentar a maior oração da nossa Igreja Católica, que é a santa missa, de maneira bem pastoral, para que os nossos leitores possam entender e, entendendo, aprofundem e amem o maior mistério da nossa fé: o Corpo e o Sangue de nosso Salvador presente em cada celebração eucarística.

Na nossa experiência pastoral, deparamo-nos com muitos fiéis cheios de dúvidas, mas também com boa vontade em aprofundar o sentido e fundamento da santa missa. É justamente para responder a essas indagações que escrevemos este compêndio simples e prático. Ele está dividido em dez partes e as considerações finais, chamadas aqui de louvor final.

Depois de uma **introdução,** que versa sobre a maneira de se preparar para a santa missa, aprofundamos os **ritos iniciais** e como eles têm a função de levar aqueles que participam da missa a serem introduzidos no mistério. Entramos em comunhão com a Virgem Maria, os anjos e santos para oferecer o único sacrifício que agrada ao Pai, o Corpo e o Sangue do seu Filho como resgate pela nossa redenção; por isso que toda celebração eucarística é oferecida pelos vivos e mortos.

No bloco seguinte, ocupamo-nos da **liturgia da Palavra** e suas *nuances* presentes nos diversos lecionários: o dominical, o semanal, o santoral. Para tanto, explicaremos como a Palavra de Deus é apresentada nos dias de semana, nas solenidades e domingos, como também no Próprio dos Santos.

Em seguida, chegaremos ao núcleo da santa missa, sua parte central: a **liturgia eucarística**, que se inicia com a apresentação das ofertas e prossegue com o convite à oração, a prece sobre as oferendas, o prefácio e a oração eucarística. Aqui, trataremos rapidamente sobre as partes da anáfora[2].

---

2. O mesmo que oração eucarística. Termo usado mais frequentemente nos ritos católicos orientais.

A quarta parte refere-se ao **rito de comunhão**, apresentando a oração do Senhor, como preparação imediata para se receber o Corpo e o Sangue de Cristo. Ao Pai-nosso se acrescenta uma oração de exorcismo e outra pela paz. Aqui, também, encontramos o canto do Cordeiro de Deus que é entoado no momento da fração do pão. Finalmente, o sacerdote apresenta a Eucaristia como o Cordeiro que tira o pecado do mundo, e todos comungam.

Os **ritos finais** constam da oração após a comunhão, dos avisos, se forem necessários, da bênção final e despedida.

A parte seguinte trata da **postura corporal**, tão importante para a oração e interiorização do culto. Assim refletiremos sobre os momentos de estar de pé, sentados, de joelhos e com as mãos e braços em forma de súplica. Já o capítulo posterior reflete sobre o **canto litúrgico** na missa, as partes variáveis como também aquelas fixas que fazem parte do ordinário da missa, como: ato penitencial, Glória, Creio, Santo, doxologia final, Pai-nosso e Cordeiro de Deus.

Em seguida, apresentamos o **uso do incenso nas missas** e as **dúvidas mais frequentes** que provêm, sobretudo, das equipes de liturgia e de celebração.

Finalizamos os capítulos com uma breve reflexão sobre a **espiritualidade dos tempos litúrgicos**, seguida de nossas considerações conclusivas, que chamamos de **louvor final**.

Assim desejamos a nossos leitores que, a partir do estudo deste nosso texto, possam aumentar o seu amor para com a Eucaristia e passem a participar da santa missa de maneira ativa e consciente, aumentando a cada celebração a sua amizade com Jesus Cristo.

Introdução

Como se preparar para a santa missa

Para bem participar da maior oração da Igreja, instituída pelo próprio Jesus Cristo, faz-se necessária uma preparação remota e outra mais próxima. A remota é fruto do estudo, por meio de leituras, cursos formativos, conversas... Por exemplo, este manual, que agora você está lendo, contribui nessa formação.

Já a preparação próxima é aquela que se faz no dia anterior ou mesmo já no contexto da celebração em um silêncio profundo, que consta de esquecermos o transitório e nos colocarmos diante do sagrado, rogando ao Senhor que abra nosso coração e nossa mente para nos unirmos à Igreja Triunfante mediante o ato penitencial, a Palavra proclamada e meditada e, sobretudo, a presença real de Cristo no seu Corpo e Sangue; e com ela fazer a grande ação de graças pelo mistério pascal do Senhor.

Para bem colhermos os frutos da celebração eucarística, essa preparação se torna indispensável, pois faz com que a missa não seja um mero teatro, ou mesmo uma obrigação. Ela é um encontro de amor, o que fazemos de mais importante na nossa vida de fé, pois entramos em comunhão com o eterno e antecipamos o nosso futuro que é estar na cidade do céu. Por isso, um contato anterior com a Palavra de Deus que será proclamada na missa é necessário, pois esta Palavra deve ser lida, meditada (pelo fiel e o sacerdote), rezada e contemplada. Assim o desejo de encontrá-lo aumenta e faz com que o coração se desarme para que o Eterno possa entrar e falar.

Outros aspectos, também, são necessários para que possamos obter todos os frutos da santa missa. A pontualidade, para já entrar no silêncio antes que a celebração comece, evitando toda a distração. A participação ativa e na íntegra desse mistério da fé, ou seja, nas respostas, nos cantos, nas posições corporais com discrição e sem subjetivismos, também contribui para a interiorização do culto.

Deve-se ter uma atenção especial para com o salmo responsorial. Sabemos que ele é uma resposta aos apelos da primeira leitura e está sempre em ressonância com ela, daí a importância de ser meditado e que a resposta (refrão) seja bem repetida e com ênfase, estabelecendo um diálogo com Deus, que inspira a Sagrada Escritura.

Após comungar, deve ser feito um momento de diálogo com o Senhor, uma ação de graças por Ele ter se doado a ponto de vir habitar em nós. Também é importante fazer um compromisso de mudança, sempre com inspiração na Palavra proclamada e meditada. Tudo isso já prepara, também, para a próxima celebração eucarística de que se vai participar.

A recepção do Sacramento da Confissão se faz necessária, pois em estado de graça poderemos colher melhores frutos para a alma. Importante é o jejum eucarístico, ou seja, deixar de comer ou beber algo, exceto água e remédios, pelo menos uma hora antes da comunhão, pois assim o espírito se eleva e ficamos mais livres para receber o Corpo do Senhor.

Por fim, nesse caminho preparatório para se participar bem da Eucaristia, é importante vivenciar uma espiritualidade litúrgica que se alimenta sempre da liturgia e se encaminha para ela como o cume da vida da Igreja. Essa espiritualidade alimenta-se de uma catequese mistagógica[3], da oração pura em que a mente concorde com a voz, tentando realizar na vida aquilo que acontece nas celebrações litúrgicas, sobretudo, na santa missa.

O documento n. 43 da CNBB, que trata da animação litúrgica no Brasil, traz algumas dicas que ajudam no crescimento da espiritualidade litúrgica. Em primeiro lugar, ter como fonte de inspiração o seguimento de Cristo na sua integrali-

---

3. Em torno da explicação e entendimento do mistério de Cristo, pedagogicamente desmembrado no decorrer do ano litúrgico.

dade, dizer como Jesus, fazer como Ele fez. Um exemplo é a comunidade primitiva de Jerusalém: viver num só coração, sendo fiéis à doutrina dos apóstolos (liturgia da Palavra), à fração do pão (liturgia eucarística) e às orações (cf. At 2,42-47).

A liturgia, que tem o seu centro na celebração da santa missa, é a expressão celebrativa de toda a comunidade eclesial. Nela, a humanidade chega ao auge da comunhão com Deus, pois se sentindo redimida e amada pelo seu Senhor, dilata o coração numa perene ação de graças. Cristo é o centro dessa espiritualidade, pois como sacerdote e oferenda, entrega ao Pai o culto perfeito da redenção humana, e esse mistério é atualizado na missa, celebrada por todos os batizados, cada um na sua função eclesial (cf. Doc. 43 da CNBB, n. 149-160). A missa, portanto, alimenta e anima a vida cristã, dando uma dimensão espiritual à semana pela celebração dominical, ao ano todo, pela sequência dos ciclos (do Natal, da Páscoa; Tempo Comum e Santoral).

Como vemos, a espiritualidade litúrgica é sempre um exercício verdadeiro da vida cristã, como participação da vida de Cristo pelos sacramentos que têm o seu ápice na celebração eucarística e, por isso, uma boa preparação é fundamental para que se colha frutos duradouros, com valor de eternidade.

Os ritos iniciais

1 Invocação da Santíssima Trindade

Toda missa começa com a invocação do nosso Deus, que é uno na natureza e trino nas pessoas.

O mistério da Santíssima Trindade foi se revelando ao longo da história da salvação como um Deus Comunidade de Amor que deseja que todos os seus filhos façam parte desse convívio divino no final dos tempos. Portanto, a celebração eucarística se inicia no nome de Deus, pois é a Ele que oferecemos o nosso culto espiritual, o sacrifício de louvor que brota dos nossos lábios (cf. Rm 12,1).

Um cuidado muito importante que devemos ter nesse momento de abertura da santa missa é com a repetição do substantivo "nome". Ou seja, em algumas comunidades, a celebração começa com aquele canto popular: "Em nome do Pai, em nome do Filho, em nome do Espírito Santo estamos aqui. Para louvar e agradecer..." Dizer ou cantar assim é afirmar que temos três deuses, pois semanticamente cada nome seria uma divindade, portanto, o correto é como está no Missal Romano: "Em nome do Pai e do Filho e do Espírito Santo". Um nome só (um só Deus) em três Pessoas.

Esse mistério de amor foi revelado pela Segunda Pessoa, o Deus-Homem, que pela ação do Espírito Santo foi gerado no ventre da Virgem Maria. Disse Ele: Filipe, quem me vê, vê o Pai (cf. Jo 14,9), e ainda: Eu vou para o Pai para enviar o Espírito da Verdade (cf. Jo 14,16).

O mistério da Santíssima Trindade se encontra presente no nosso cotidiano o tempo todo e a fé permite aceitar essa verdade. Já no Antigo Testamento encontramos textos que nos fazem inferir essa realidade, mesmo que de maneira muito sutil. Por exemplo, na narrativa da criação do homem no sexto dia, o verbo é usado no plural: "Façamos o homem à nossa imagem e semelhança" (Gn 1,26). Também na história do nosso pai Abraão temos um fato cheio de significado: os três anjos que o visitam em pleno calor do dia debaixo dos carvalhos de Mambré, para anunciar o nascimento de Isaac (cf. Gn 18). Também, nos Livros Sapienciais encontramos alusões à geração eterna do Verbo do Pai, quando a Sabedoria se personifica falando de si mesma: "O Senhor me criou, como primícia de suas obras, desde o princípio, antes de a terra existir. Desde toda eternidade fui formada, antes de suas obras nos tempos antigos. Ainda não havia abismos quando fui concebida" (Pr 8,22-24). E, ainda, aludindo à Encarnação e à Eucaristia, o Corpo do Filho: "A Sabedoria construiu a sua casa, sob sete colunas; já imolou suas vítimas, misturou o seu vinho e preparou a mesa" (Pr 9,1-2). Na visão do Profeta Isaías, os serafins proclamam "Santo, Santo, Santo é o Senhor Deus do universo!" (Is 6,3). Repetem o mesmo título para honrar as três Pessoas.

Essa realidade só se tornou clara com a Encarnação do Filho, pois foi Ele que revelou plenamente o mistério da Santíssima Trindade, declarando: "O Paráclito, o Espírito Santo, que o Pai enviará em meu nome, ensinar-vos-á todas as coisas e vos recordará tudo o que vos tenho dito" (Jo 14,26); "Muitas coisas ainda tenho a dizer-vos, mas não as podeis suportar agora. Quando vier o Paráclito, o Espírito da Verdade, ensinar-vos-á toda a verdade, porque não falará por si mesmo, mas dirá o que ouvir e anunciar-vos-á as coisas que virão" (Jo 16,12-13).

Comecemos com fervor todas as nossas missas com esta invocação do Nome Santo de Deus: *Em nome do Pai e do Filho e do Espírito Santo.*

2 Saudação paulina

A saudação inicial da missa recebe este nome porque provém das Cartas de São Paulo, que a usa no início de muitas delas, como em Efésios 1,2: "Graça a vós e paz, da parte de Deus, nosso Pai, e da do Senhor Jesus Cristo". **Graça a vós e a paz de Deus Pai e Jesus Cristo**: essa expressão transcendia as saudações da época, pois é exclusivamente cristã. A graça, portanto, vem de Deus Pai e do seu Filho Jesus Cristo. Paulo entendeu que ela é um atributo divino, um conceito que não se encontrava em outras religiões. Em muitos aspectos, a graça resume a interação de Deus com a humanidade e a mensagem do Evangelho: Ele nos dá a graça novamente por meio do novo Adão, o seu Filho, Jesus Cristo. "A Lei foi dada por Moisés, mas a graça e a verdade vieram por Jesus Cristo" (Jo 1,17).

São Paulo tinha muita clareza sobre quem era Cristo para a Igreja, a partir de sua experiência pessoal no caminho de Damasco, escrevendo na Carta aos Romanos: "Enquanto ainda éramos pecadores, Cristo morreu por nós" (Rm 5,8).

A saudação do presidente da celebração é dupla, pois ela se dirige primeiramente ao altar, com o ósculo (beijo) do sacerdote sobre ele, que representa o próprio Cristo, a pedra angular da Igreja; por isso que o altar é sempre consagrado pelo bispo, que utiliza o óleo do Crisma. Em seguida, saúda os fiéis, com a saudação paulina. A assembleia, por sua vez, responde com entusiasmo: "Bendito seja Deus que nos reuniu no amor de Cristo" (Missal Romano). Portanto, afirma-se que é o próprio Deus que convoca. Ele reúne os seus filhos em um só povo, como uma comunidade que caminha junta rumo à sua pátria definitiva. Então, estamos reunidos para a santa missa pelo próprio Cristo que nos convida para, como Igreja, oferecer o seu sacrifício redentor ao Pai, pelos vivos e mortos.

O Missal Romano traz, ainda, uma terceira opção para a saudação inicial tirada do Antigo Testamento, mais especificamente do Livro de Rute 2,4: "O Senhor esteja *convosco*". O presidente da celebração também pode saudar a comunidade reunida com suas próprias palavras, desde que localize o dia e o tempo litúrgicos, e apresente a temática do dia que brota dos textos bíblicos escolhidos para a referida missa.

3 Ato penitencial

O ato penitencial se caracteriza pelo primeiro pedido de perdão na santa missa, pois o segundo é o Cordeiro de Deus, momentos antes de os fiéis receberem o Corpo e o Sangue de Cristo. Consta de um exame de consciência, ou seja, um reconhecimento das culpas para nos aproximar, mais dignamente, do altar do Senhor. Aqueles pecados veniais, mais leves, são perdoados neste momento. O texto oficial do Missal Romano nos pede para confessarmos a Deus e aos irmãos nossas faltas por pensamentos, palavras, atos e omissões; invocando a intercessão da Virgem Maria, dos anjos, dos santos e dos irmãos. Portanto, um momento eclesiológico em que a Igreja do céu e a da terra se unem para o mesmo pedido de perdão. Ao final, o sacerdote pede a compaixão de Deus e o perdão dos pecados, para chegarmos à vida eterna.

A confissão do ato penitencial também é conhecida como "Eu pecador" e "*Confiteor*" (confissão na língua latina). No Tempo Pascal, como memória do nosso Batismo, sacramento que nos deu a graça, pode-se também fazer a bênção e aspersão da água.

O *Kýrie, eleison... Christe, eleison...*, única expressão em língua grega em nossa liturgia latina, diz-se, sempre, em seguida à absolvição sacerdotal. Pode ser dito, também, em língua portuguesa (Senhor, tende piedade de nós... Cristo...), sendo um canto em que os fiéis aclamam o Senhor e imploram a sua misericórdia. É executado por todos, de forma alternada entre o povo e a Schola Cantorum (escola de cantores ou grupo musical), ou mesmo, um só cantor. Essa invocação também pode ser repetida várias vezes, conforme a índole de cada língua, a arte musical ou em determinadas circunstâncias.

Na promulgação do Missal de São Pio V, em 1570, determinou-se que o ato penitencial fizesse parte dos ritos iniciais da santa missa e que fosse uma oração pessoal do presidente da celebração, como tinha sido desde o seu início, ou seja, a partir do século IX. O atual Missal de São Paulo VI traz na forma que explicitamos acima.

Mesmo sendo um momento importante, o ato penitencial pode ser omitido ou substituído por outros ritos penitenciais, como acontece na Quarta-feira de Cinzas (em que é substituído pelo rito de imposição das cinzas, logo após a homilia), no Domingo de Ramos, sendo substituído pela estação (procissão dos ramos), ou mesmo quando se une a oração da Liturgia das Horas à missa.

4 Glória a Deus nas alturas

O Glória da santa missa é um hino cristológico que é executado aos domingos (com exceção daqueles do Tempo do Advento e da Quaresma), nas solenidades e festas.

Vejamos a diferenciação desses graus de festividades. O domingo é o dia do Senhor por excelência, pois Ele, uma vez ressuscitado dos mortos, sempre escolheu esse dia para as suas aparições gloriosas (oito dias depois...). A visão de São João para redigir o Livro do Apocalipse também se deu no dia do Senhor: "Eu fui arrebatado em espírito no dia do Senhor, e ouvi detrás de mim uma grande voz, como a de trombeta, que dizia: Eu sou o Alfa e o Ômega, o primeiro..." (Ap 1,10-11a). Na *Primeira apologia*[4] de São Justino, encontramos a informação de que a comunidade cristã se reunia, já no segundo século, no dia do sol (o domingo, nas línguas anglo-germânicas: *Sunday*; *Sonntag*...), para a sinaxe dominical, a missa. É, portanto, o dia sem ocaso, quando o Senhor voltará para o julgamento. Este dia, que é o próprio Senhor, não terá mais fim, pois Ele é a verdadeira Luz. Entraremos, então, no grande Domingo para as alegrias da eternidade. Sendo assim, o domingo é também a antecipação do nosso futuro em Deus. Por esses motivos celebramos esse

4. Aprofundaremos essa apologia no louvor final do livro.

dia como a nossa Páscoa semanal e por isso com o canto do Glória a Deus nas alturas.

Já as solenidades são consideradas celebrações de primeira categoria, que precedem até mesmo os domingos do Tempo Comum; já sendo celebradas com primeiras vésperas. Por isso, se canta o Glória na santa missa desses dias; como também nas festas, que são consideradas celebrações que se localizam, hierarquicamente, entre a solenidade e a memória, sem primeiras vésperas, mas sempre com o canto do Glória a Deus nas alturas. Exemplos: festas dos Apóstolos, dos Santos Arcanjos Miguel, Gabriel e Rafael, Natividade de Nossa Senhora, Exaltação da Santa Cruz, Apresentação do Senhor, Dedicação da Basílica de São João de Latrão...

Por que dissemos que é um hino cristológico? Vejamos suas partes. As primeiras glorificações se dirigem ao Pai e começam com o mesmo canto que os anjos cantaram na Noite de Natal: "Glória a Deus nas alturas, e paz na terra aos homens por Ele amados! Senhor Deus, Rei dos céus, Deus Pai todo-poderoso: nós vos louvamos, vos bendizemos, vos damos graças por vossa imensa glória". Agora aparecem no centro do hino as glorificações dirigidas ao Filho, e por serem núcleo e maioria fazem com que a liturgia o tenha como sendo um hino cristológico: "Senhor Jesus Cristo, Filho Unigênito. Senhor Deus, Cordeiro de Deus, Filho de Deus Pai. Vós que tirais o pecado do mundo, tende piedade de nós. Vós que tirais o pecado do mundo, acolhei a nossa súplica. Vós que estais à direita do Pai, tende piedade de nós. Só Vós sois o Santo, só Vós o Senhor, só Vós o Altíssimo Jesus Cristo". E, finalmente, a conclusão evocando a presença do Espírito Santo na glória da Santíssima Trindade: "Com o Espírito Santo, na glória de Deus Pai". O *amém* conclusivo tem o mesmo sentido de todos os améns: assim seja, eu concordo..., portanto, um vocábulo litúrgico, que vem da tradição bíblica, significando **adesão**.

5 Oração do dia (coleta)

Essa oração, que se diz antes de começar a proclamação das leituras da santa missa, chama-se também de coleta porque tem a finalidade de coletar, no silêncio do coração, os pedidos da comunidade celebrante.

No seu texto, com exceção do Tempo Comum, encontramos a motivação do tempo ou dia litúrgico celebrados. Assim, no Tempo do Advento vai evocar as duas vindas de Cristo (na história e a Parusia[5]), como também a proximidade do Natal do Senhor. Já no Tempo da Quaresma trará temas penitenciais, evocando também a alegria da Festa da Páscoa que se aproxima. Nas celebrações dos santos e em outras solenidades e festas, sempre traz uma menção alusiva ao mistério celebrado.

Observamos, também, que a maioria dessas orações é dirigida ao Pai, por meio do Filho, na unidade do Espírito Santo. Apenas algumas delas, muito poucas, são dirigidas ao Filho. Nesse caso, a doxologia[6] final muda. Por ser dirigida ao Filho acaba com o "Vós, que sois Deus, e viveis e reinais com o Pai, na unidade do Espírito Santo, por todos os séculos dos séculos".

---

5. Quer dizer: fim dos tempos, quando Jesus voltará para julgar os vivos e os mortos.

6. Quer dizer glória ou glorificação. Um vocábulo que vem da língua grega: doxa = glória.

Liturgia da Palavra

1 Nos dias da semana

Os lecionários são os atuais livros litúrgicos que trazem a Palavra de Deus dentro da liturgia da missa. Antes do Concílio Vaticano II, as leituras estavam inseridas no Missal Romano (Missal de São Pio V); por isso eram chamados de plenários. Agora, os missais são eucológicos, ou seja, trazem apenas as orações do presidente da celebração. Com a reforma conciliar surgiram quatro tipos de lecionários: o dominical, contendo as lições dos domingos e solenidades; o semanal ou ferial, com as leituras para os dias de semana (de segunda-feira a sábado); o santoral, com os textos para a comemoração dos santos, sendo solenidade, festa ou memória; e o evangeliário, que traz somente os evangelhos. Este último, apenas os ministros ordenados – diácono, presbítero (padre) ou bispo – utilizam.

Portanto, nos dias de semana, como o nome já diz, é utilizado o lecionário semanal, que se divide da seguinte maneira: apenas uma leitura com seu salmo responsorial; vale salientar que esse salmo é uma resposta à Palavra de Deus ouvida na primeira leitura, por isso traz sempre uma relação temática com ela; seguido do Evangelho, que nesses dias de semana não tem relação de tema com a leitura. No Tempo Comum temos duas leituras antes do Evangelho, elas se organizam como anos ímpares e pares, ou seja, no ano de 2023, por ser ímpar, escolhe-se o primeiro grupo; já em 2024, sendo um ano par, escolhe-se o segundo bloco (o dos anos pares). O Evangelho será sempre o mesmo. Para os outros tempos litúrgicos, esse lecionário apresenta uma leitura com seu salmo correspondente e o Evangelho; como são tempos fortes Advento, Natal, Quaresma e Páscoa, as escolhas são feitas conforme a temática do referido tempo.

2 Nos domingos e algumas solenidades

Já no lecionário dominical há três leituras e o salmo que responde aos apelos da primeira. No Tempo Comum, com exceção de alguns domingos, encontramos um casamento temático entre a primeira lição e o Evangelho. Nos tempos fortes, a relação de temas acontece entre todas as leituras.

Esse lecionário, também, traz as **solenidades** do Senhor e de alguns santos com a mesma quantidade de textos da Palavra de Deus. Aqui, encontram-se as leituras divididas em: ano A, em que se lê o Evangelho de Mateus; ano B, Evangelho de Marcos; e ano C, Evangelho de Lucas. Para cada domingo, portanto, temos uma primeira leitura, o salmo responsorial, a segunda leitura e aclamação ao Evangelho, que se compõe do seu versículo aleluiático, com exceção do tempo da Quaresma em que não se diz o aleluia, e sim uma antífona alusiva ao Evangelho.

3 O próprio dos santos

O lecionário santoral, como o próprio nome já indica, apresenta as solenidades, festas e memórias dos santos vistos à luz da Palavra de Deus. Ele está dividido em dois grandes blocos: o próprio e o comum dos santos. No próprio, encontramos lições bem pontuais ligadas à vida e à missão daquele ou daquela que se celebra. Já no comum, as leituras são mais genéricas e se dividem em: Comum da Dedicação das Igrejas, de Nossa Senhora, dos

Apóstolos, dos Mártires, dos Pastores, dos Doutores, dos Religiosos, das Virgens, dos Educadores e dos que exercem obras de misericórdia. Essa mesma divisão encontramos no santoral do Missal Romano que, como dissemos acima, traz apenas as orações presidenciais.

Esse lecionário traz ainda uma série de sugestões para missas solenes dos padroeiros, que são celebradas sempre como solenidades e, por isso, se caírem em domingo do Tempo Comum, podem ser celebradas, pois as solenidades prevalecem sobre os domingos desse tempo litúrgico.

Desse modo, a Palavra de Deus será cada vez mais valorizada em nossas celebrações. Devendo, portanto, ser bem proclamada, pois é uma lâmpada para os nossos passos e luz para o nosso caminho (cf. Sl 119,105).

4 A homilia

A homilia é de fundamental importância dentro da santa missa, pois é o próprio Senhor que nos fala através do sacerdote. O termo vem da língua grega e significa "reunião", como também, do latim, no sentido de **discurso ao povo ou familiar**, em substituição ao antigo nome "sermão", que sempre teve um cunho mais parenético, ou seja, moralista. A Igreja orienta que ela seja proferida em todas as missas, mas nos domingos e solenidades torna-se obrigatória.

Para uma boa homilia, o sacerdote ou, na ausência dele, o ministro da palavra deverá em primeiro lugar ter uma profunda amizade com Jesus e alimentar-se sempre de sua Palavra na Sagrada Escritura, a *Lectio Divina* diária. Importante, também, ter conhecimento da história de Israel, dos evangelhos e escritos da Igreja Primitiva, a Patrística (sermões dos Santos Padres). Entender um pouco de didática também é fundamental, para coordenar as ideias numa perspectiva linear de começo, meio e fim; sempre amarrando as lições propostas para aquela missa, sem fugir da temática e, sobretudo, trazer os textos bíblicos para os dias de hoje, **aplicando-os à vida da comunidade celebrante**.

O tema de cada domingo ou da solenidade é definido pelo Evangelho, que quase sempre está em sintonia com a primeira leitura e, por sua vez, com o salmo responsorial ou de resposta. A segunda lição sempre fica solta e, na sua maioria, é tirada das Cartas de São Paulo, que são proclamadas de maneira contínua a cada domingo. Já nos tempos fortes do Advento, Natal, Quaresma e Páscoa, o casamento temático é completo: primeira leitura, salmo responsorial, segunda leitura e Evangelho.

Na Instrução Geral do Missal Romano (IGMR) lemos que a "homilia é a explicação de algum aspecto das leituras da Sagrada Escritura ou da missa do dia", ou seja, o mistério que se celebra naquele dia, como, por exemplo: a solenidade do Corpo e do Sangue de Cristo; a solenidade da Santíssima Trindade; a solenidade do padroeiro ou de algum outro santo que se celebre de maneira mais festiva. Aqui, faz-se importante conhecer bem a vida do determinado santo para ver como se aplica ao Evangelho do dia, trazendo o seu exemplo para a contemporaneidade, pois é para isso que a Igreja nos apresenta o santoral, despertando dentro de nós o desejo de sermos santos. A IGMR também orienta que depois da homilia "seja guardado um momento de silêncio para a meditação pessoal" (cf. IGMR, n. 65-66).

O Papa Francisco nos orienta acerca da homilia: "A homilia não pode ser um espetáculo de divertimento, não corresponde à lógica dos discursos midiáticos, mas deve dar fervor e significado à celebração". É um gênero peculiar da oralidade já que se insere numa celebração litúrgica e deseja motivar a assembleia participante a seguir os ensinamentos de Nosso Senhor Jesus Cristo, "deve ser breve e evitar que se apresente como uma conferência ou lição" (cf. *Evangelii Gaudium*, 138). É, portanto, um diálogo familiar entre o pastor e o seu rebanho, não um sermão, uma aula de teologia, um *show* de humor ou momento para "puxar a orelha da comunidade"; a fim de que tanto um como o outro (pastor e rebanho) possam viver de acordo com a fé que professam (cf. EG 138). A homilia sempre deve nos interpelar para a conversão do coração, mudança de vida, a fim de se viver mais de acordo com o Evangelho e que a amizade com o Senhor cresça dentro de nós.

5 O Creio e as preces

A profissão de fé deverá ser dita aos domingos e solenidades. Também chamada de Símbolo Apostólico. No Creio, temos o resumo daquilo que acreditamos para seguir o Senhor na Igreja que Ele fundou, a Católica. Sendo uma síntese dos grandes concílios de Niceia e Constantinopla, nele encontramos os artigos fundamentais para a nossa fé, com exceção da Eucaristia, pois nos primeiros séculos esse mistério era ocultado dos catecúmenos adultos que professavam a fé durante as celebrações e eram demitidos antes que acontecesse a Eucaristia, fazendo parte, portanto, da "disciplina do arcano", ou seja, do segredo. Somente depois que se batizavam eram informados sobre o Corpo e o Sangue de Cristo, sacramento que Ele nos deixou como penhor de nossa salvação, na noite em que foi entregue. Assim, recebiam os três sacramentos da iniciação cristã, Batismo, Crisma e Eucaristia na noite santa da Páscoa, dentro da liturgia da Vigília Pascal.

A profissão de fé se apresenta com os artigos bem-definidos e claros. Professamos a fé no

Pai que é todo-poderoso e criador do céu e da terra; como também em Jesus Cristo, o seu Filho único, que sendo concebido por obra do Espírito Santo no ventre da Virgem Maria, nasceu na noite de Natal, padeceu pelos nossos pecados diante do tribunal de Pôncio Pilatos, foi crucificado, morto e sepultado, mas ressuscitou ao terceiro dia, como Ele tinha instruído aos seus apóstolos, subiu ao céu e sentou-se à direita do Pai, elevando para junto dele a nossa natureza humana. Virá no fim dos tempos para julgar os vivos e os mortos. Finalmente, professamos a fé na terceira Pessoa da Santíssima Trindade, o Divino Espírito Santo, como também na nossa Igreja Católica, na comunhão dos santos, na ressurreição da carne e na vida eterna. Concluindo-se com o solene amém, que é a nossa adesão a todos esses artigos da nossa fé.

Em seguida, para a conclusão da liturgia da Palavra, fazem-se as preces da comunidade. Aqui, devemos ter todo cuidado com os subjetivismos, pois nesse momento as intenções deverão ser mais gerais e por todas as necessidades da Igreja. Mais comumente, cada invocação se inicia pelo vocábulo "por" ou "pelos(as)", concluindo-se com: *Rezemos ao Senhor*, e a resposta do povo: *Senhor, escutai a nossa prece*. É interessante que o padre faça uma breve introdução para esse instante de oração comunitária, como também realize uma oração conclusiva. Ambas podendo ser inspiradas pelo tempo litúrgico, como também pelas leituras do dia.

Liturgia eucarística

1 A apresentação das ofertas

Neste momento, a Igreja deseja mostrar que o pão e o vinho, que vão se tornar o Corpo e o Sangue de Nosso Senhor Jesus Cristo, são frutos do trabalho conjunto de Deus que nos dá a terra para a plantação do trigo e da uva, como também a chuva para que os mantenha vivos, e do trabalho do homem que colhe e produz o pão e o vinho, por isso que a oração para ambos os dons se diz assim: "Bendito sejais, Senhor Deus do universo, pelo pão/vinho que recebemos de vossa bondade, fruto da terra/videira e do trabalho humano que agora vos apresentamos e para nós se vai tornar pão da vida/vinho da salvação"[7]. Se não houver canto para esse instante da celebração, a assembleia responde assim: "Bendito seja Deus para sempre".

Nos primórdios da Igreja, os fiéis levavam pão e vinho e os bens que conseguiram conquistar durante a semana, com o suor da luta e do trabalho. Junto com os dons da Eucaristia, os diáconos rece-

7. Missal Romano de São Paulo VI.

biam os outros donativos e entregavam ao presbítero (padre), o dirigente da comunidade, que, por sua vez, distribuía com os irmãos mais necessitados. Todo esse rito era acompanhado com vários cantos. Destacamos o que diz o Salmo 115,12-14: "Que poderei retribuir ao Senhor Deus por tudo aquilo que fez em meu favor? Elevo o cálice da minha salvação, invocando o nome santo do Senhor. Vou cumprir minhas promessas ao Senhor na presença do seu povo, seus amigos".

Foi assim que nasceu esse rito, chamado de *apresentação das ofertas* ou *preparação dos dons*, nunca de ofertório, pois este se situa dentro da oração eucarística, quando o pão e o vinho já são o Corpo e o Sangue do Senhor. Pois só agora já temos o Filho, presente no altar, para oferecer ao Pai.

O sentido litúrgico-espiritual desse rito é o princípio da comunhão, ou seja, Deus se tornou homem e, participando da nossa natureza, santifica-nos e nos transforma em sua imagem e semelhança. Trazemos para esse banquete a nossa humanidade por completo para que junto com o pão e o vinho, transformados em Corpo e Sangue de Jesus vivo e ressuscitado, unamo-nos a Ele e vivamos na santidade.

A Instrução Geral do Missal Romano (IGMR) nos ensina que ao iniciar a liturgia eucarística levam-se os dons do pão e vinho para o altar ou a mesa do Senhor, que é o centro de toda essa ação litúrgica. Durante essa procissão das ofertas e sua preparação podem ser entoados cantos apropriados. Nas missas mais solenes, o sacerdote incensa o altar a começar pela cruz, em seguida os dons e o altar como um todo. O sacerdote, por causa de seu ministério e batismo, será também incensado, como também toda a assembleia celebrante. Por fim, o padre lava as mãos no desejo de exprimir a sua purificação interior.

2 Orai, irmãos

Esse momento, logo após a apresentação das ofertas, convida a comunidade à oração, pois diante dos dons que foram ofertados ao Senhor, faz-se necessária a oração de todos os batizados para que sejam eucaristizados e se tornem o Corpo e o Sangue do Senhor. Assim, a Igreja pede, por meio dos sacerdotes, que o sacrifício de Cristo seja aceito, e a assembleia, por sua vez, suplica ao Senhor que o receba para sua glória e o bem da Igreja.

3 Oração sobre as oferendas

Tendo invocado o Senhor para que acolha o sacrifício do altar, o sacerdote, em nome da comunidade, pronuncia uma oração sobre as oferendas. Essa oração faz referência aos dons oferecidos.

De certo modo, essa oração se situa no limiar do mistério sacrifical de Nosso Senhor Jesus Cristo, o momento central da santa missa. Tudo o que já dissemos anteriormente foi uma preparação para esse momento sublime. Cristo está para fazer-se presente, verdadeiramente, sobre o altar e, com Ele, nós também subimos ao Calvário para presenciar a sua entrega total ao Pai por amor a cada um de nós. A cruz é a fonte da graça.

Tomemos alguns exemplos das orações sobre as oferendas: no **Quinto Domingo do Tempo**

Comum, a oração, como na sua grande maioria, se dirige ao Pai. Aqui, louva pela criação do pão e do vinho para alimentar a nossa fraqueza física e espiritual, pois se conclui pedindo para que se tornem para nós um sacramento de eternidade. Já a da **Quarta-feira de Cinzas**, que inicia a Quaresma, coloca-nos dentro do contexto litúrgico pelo qual iniciamos a nossa caminhada rumo à Páscoa do Senhor e nossa. Pedindo ao Pai que, já no início da Quaresma, dê-nos a graça de dominar o mal do pecado mediante a caridade e a penitência, visto este ser um programa quaresmal ensinado por Jesus, que consagrou a penitência pelo seu jejum no deserto, antes de iniciar a sua missão pública, e a caridade pelas imensas curas que realizou e ainda realiza na história da humanidade. Na **solenidade do Corpo e do Sangue de Cristo** a Igreja proclama o pão e o vinho como elementos escolhidos por Jesus para se transformar na Eucaristia, a sua presença real no meio de nós. Tal pregão é precedido pela súplica da unidade e da paz, ou seja, quem celebra a Eucaristia deve trabalhar para que esses dons se tornem realidade em nosso mundo. No próprio momento da instituição da Eucaristia, Jesus rezou pela unidade: "[...] para que todos sejam um, como Tu, ó Pai, o és em mim, e eu em ti; que também eles sejam um em nós, para que o mundo creia que Tu me enviaste. E eu dei-lhes a glória que me deste, para que sejam um, como nós somos um" (Jo 17,21-23). Já o dom da verdadeira paz é cantado por todo o Evangelho, Jesus a oferece no dia da sua ressurreição, os anjos cantaram na noite do seu nascimento, sendo, também, uma das bem-aventuranças: "Bem-aventurados os que promovem a paz, porque serão chamados filhos de Deus" (Mt 5,9).

4 Prefácio

Com o prefácio iniciamos a oração eucarística. Trata-se de um poema laudativo (de louvor) que aclama o Pai na história da salvação, sempre em consonância com o Filho e o Espírito Santo. Muitos deles colocam-nos dentro do mistério litúrgico da festa correspondente, tanto os referentes ao mistério do Cristo nos tempos fortes, como Advento, Natal, Quaresma e Páscoa, como também ao santoral, com especial atenção aos dedicados à Virgem Maria, sempre em relação ao seu Filho.

Ele começa com uma tríplice aclamação: a resposta à primeira aclamação é muito profunda e uma profissão de fé, pois dizemos que Jesus Cristo **está** no meio de nós. Não se diz expressões como: Ele esteve, Ele estará ou como se estivesse... Ao dizer que o Senhor está no nosso meio, afirmamos que Ele é o centro da missa, aquele que a preside.

Tendo esta certeza, o sacerdote nos convida a elevar os corações para o alto; portanto, a partir desse momento, sobretudo, nada do mundo imanente[8] poderá atrapalhar, ou seja, dispersar-nos com coisas fúteis para que não estejamos na presença de Deus. É tendo a consciência destas duas posturas (o Senhor no nosso meio e o nosso coração elevado até Ele) que damos graças a Deus, como dever e necessidade de salvação, sendo uma

8. O mundo que percebemos pelos nossos cinco sentidos (a materialidade das coisas).

coisa boa e justa, ou seja, estamos juntos com o Senhor fazendo Eucaristia, que significa a maior ação de graças que se presta a Deus Pai, pelo sacrifício do Filho, na unidade do Espírito Santo.

Em seguida, o celebrante começa a apresentar os motivos da ação de graças, que sempre começa com as expressões: **na verdade** ou **verdadeiramente...**, já antecipando que tudo o que será proclamado é digno de fé. Cantar o louvor e bendizer ao Deus três vezes Santo.

A ação de graças, portanto, canta todas as coisas boas que Deus nos fez, e a maior delas foi nos ter dado o Filho como o único sacrifício que lhe agrada, oferecido pelas mãos da Igreja: a triunfante e a militante. Por isso mesmo, o final do prefácio nos convoca a unir as nossas vozes à Igreja do céu para cantarmos juntos a uma só voz ao Deus três vezes Santo, como nos ensinou o Profeta Isaías: "No ano em que morreu o Rei Ozias, eu vi o Senhor sentado sobre um alto e sublime trono; e o seu séquito enchia o templo. Os serafins estavam acima dele; cada um tinha seis asas: com duas cobriam o rosto, com duas cobriam os pés e com duas voavam. E clamavam uns para os outros, dizendo: **Santo, Santo, Santo é o Senhor dos Exércitos; toda a terra está cheia de sua glória**" (Is 6,1-3).

Esta última parte do prefácio, que nos introduz na consagração do pão e do vinho, é bíblica, por isso mesmo o texto do Missal nunca deverá ser modificado para favorecer a certas melodias. O ideal é compor melodias solenes e bonitas a partir do próprio texto bíblico; a mesma orientação deve acontecer com as outras partes fixas da santa missa, ou seja, o canto do Senhor tende piedade de nós, o Glória a Deus nas alturas, a profissão de fé (Creio) e o Cordeiro de Deus.

No **prefácio do Advento Escatológico**[9], vemos claramente a presença da teologia litúrgica dessa primeira parte do Tempo do Advento, que deseja motivar em nós a vigilância e a esperança para a segunda vinda de Cristo. Não devemos temer o "*quando acontecerá*", mas

9. Primeira parte do Tempo do Advento, que trata da segunda vinda do Senhor no fim dos tempos.

preocupar-nos com o *como* estamos nos preparando para esse encontro de amor com o nosso Redentor que é o justo Juiz. Quando isso acontecer, como nos ensina o Livro do Apocalipse, teremos um novo céu e uma nova terra (cf. Ap 21). A maneira de se preparar para esse convívio é tendo um olhar humano para os irmãos, exercendo a caridade na fé.

Já no **prefácio da Assunção de Nossa Senhora** temos o advérbio HOJE, demonstrando-nos a atualidade do mistério celebrado, ou seja, a liturgia atualiza, pela ação do Espírito Santo, o fato histórico. Em vários prefácios, como também nas orações presidenciais da santa missa que ocorrem no ano litúrgico, encontramos esse advérbio de tempo. Em seguida, explica o dogma da Assunção da Virgem Maria aos céus, como aurora (início, primícias) da Igreja Triunfante, pois nós também somos chamados à ressurreição da carne e, ainda, constituindo-se em consolo e esperança para a Igreja; isso tudo por ter sido a mãe do Autor da própria vida.

5 Oração eucarística

A partir de agora nos deteremos nas outras partes que constituem a oração eucarística. São elas: primeira epiclese[10], narrativa da instituição, anamnese[11], ofertório, segunda epiclese, intercessões, doxologia e o amém final.

Todas as orações eucarísticas têm esses mesmos elementos constituintes, apenas com pequenas variações. Vamos nos deter na segunda opção presente no Missal Romano, que foi influenciada pela anáfora[12] da Tradição Apostólica de Santo Hipólito de Roma (sécs. II-III).

Essa oração eucarística é introduzida pela expressão **na verdade**, como no início da maioria dos prefácios, isto para tirar qualquer dúvida ilusória do que está para acontecer: a transubstanciação do pão e do vinho. Em seguida, acontece a

10. Invocação do Espírito Santo pela imposição das mãos.

11. Lembrança, recordação atualizada no Espírito.

12. Anáfora quer dizer: repetição. Era o nome das orações eucarísticas em seus primórdios. Nos ritos orientais ainda chamam-se de anáfora, já que é a repetição atualizada daquilo que Jesus realizou na Última Ceia.

primeira epiclese, suplicando ao Pai que envie o seu Espírito a fim de que o pão e o vinho se tornem o Corpo e o Sangue de Cristo.

A **narrativa da ceia** conta o acontecimento da Última Ceia tal como foi celebrada por Jesus, que estava para ser entregue à sua Paixão e Morte de cruz, com toda a liberdade, e, por estar celebrando uma ceia pascal judaica: tomou o pão e fez a Berakah[13], atribuindo-lhe um novo sentido, a partir de agora é o seu Corpo, fazendo o mesmo com o cálice de vinho, que na ceia judaica corresponde ao terceiro cálice, chamado de cálice da bênção. Agora é o cálice da nova e definitiva aliança, o Sangue do Senhor para o perdão dos nossos pecados; acrescentando que esse gesto deverá ser repetido em sua memória[14] até a sua volta. Desde então a Igreja repete (anáfora) esse gesto memorial em todas as missas celebradas no mundo. Por isso que, após o sacerdote proclamar como mistério da fé,

13. A oração de bênção e ação de graças feita no judaísmo nesses momentos importantes da liturgia de Israel.

14. Memória nas narrativas bíblicas significa atualização do mistério para o HOJE da Igreja.

a assembleia aclama que se alimentando do Corpo e do Sangue de Cristo proclama a sua morte e ressurreição, como também o seu retorno no fim dos tempos. Esta é a forma de sua presença real em nosso meio.

Continuando, temos a **anamnese**, que é a recordação dos fatos celebrados nesse momento, ou seja, a memória da morte e ressurreição de Cristo e, em seguida, acontece o real **ofertório** da missa, que é Jesus Cristo oferecido ao Pai.

Agora vem a **segunda epiclese**, em que se invoca o Espírito Santo **para construir a unidade da Igreja**.

Seguem-se, portanto, as **intercessões** pela Igreja, pelo papa, pelos bispos, presbíteros, diáconos e por todo o povo de Deus, pelos vivos e mortos. Pedimos para participar da vida divina ao lado da Virgem Maria, de São José, dos apóstolos e todos os santos, para podermos louvar e agradecer o nosso Deus eternamente.

Finalmente, a **doxologia** que glorifica a Santíssima Trindade a partir do Filho, ao Pai todo-

-poderoso na unidade do Espírito Santo. Às Três Pessoas do nosso único Deus nós ofertamos toda honra e glória para sempre e por toda a eternidade.

O **amém final**, que conclui a oração eucarística, tem um significado todo especial, é o nosso **assim seja**, pois dizemos com ele que acreditamos, estamos de acordo com tudo que o sacerdote pronunciou nessa prece solene e que afirmamos a presença real de Jesus Cristo nas espécies do pão e do vinho consagrados. Por ser um amém solene, sugerimos que ele seja sempre cantado, até mesmo nas missas dos dias de semana.

Já encontramos esse amém no século II, nas *Apologias* de São Justino, que ao tratar da missa ensina-nos que, quando aquele que preside termina as orações de ação de graças, o povo presente aclama dizendo ou cantando o amém. Aprofundaremos esse texto apologético[15] nas nossas considerações finais.

---

15. Discurso para defender a fé.

Rito de comunhão

1 Pai-nosso

O Pai-nosso, também chamado de oração dominical (do Senhor), sobressai às demais orações por ser a única que Jesus oralizou a pedido dos seus apóstolos. Coloca-se, portanto, momentos antes de recebermos o Corpo e o Sangue de Cristo e nos traz sete pedidos necessários para a nossa prática cristã.

Pai nosso que estais nos céus,
santificado seja o vosso nome; (1º)
venha a nós o vosso reino; (2º)
seja feita a vossa vontade,
assim na terra como no céu; (3º)
o pão nosso de cada dia nos dai hoje; (4º)
perdoai-nos as nossas ofensas,
assim como nós perdoamos a quem nos
tem ofendido; (5º)
e não nos deixeis cair em tentação, (6º)
mas livrai-nos do mal. (7º)

Cabe ressaltar que o Pai-nosso é uma oração que está integrada à missa, e que aqui não se diz o amém porque a oração ainda não terminou, pois logo em seguida o sacerdote, aproveitando o exorcismo final[16] (o 7º pedido), continua sozinho nesse mesmo gênero textual. A liturgia chama isso de "embolismo", por ser uma oração que recolhe e desenvolve a oração precedente. Assim, o Pai-nosso fica totalmente integrado à liturgia eucarística, não como um acréscimo, mas como parte fundamental dela.

2 Exorcismo

A retomada acontece da seguinte maneira: "**Livrai-nos de todos os males, ó Pai**..." O povo, por sua vez, responde com uma aclamação muito antiga dos primeiros séculos da história da Igreja: "Vosso é o reino, o poder e a glória para sempre!"

Como vemos, instantes antes de recebermos a santa Eucaristia, faz-se necessário limpar o nosso coração de todo mal, e é isto que dizemos nas próximas orações que vão pedir o dom da paz e, nova-

16. O mal no contexto do Pai-nosso é a investida do divisor (diabo), por isso dizemos ser um exorcismo.

mente, o perdão dos pecados, que é uma retomada do ato penitencial.

3 Oração pela paz

Essa oração, feita minutos antes de recebermos o Corpo e o Sangue de Cristo, deseja evocar novamente a **unidade da Igreja**, como já rezamos antes dentro da oração eucarística quando o sacerdote pronunciou a segunda epiclese. Essa prece pede a paz, a unidade, o perdão dos pecados, evocando o dom da fé. A comunidade responde *amém*, como sinal de concordância com o que foi rezado.

Conforme propõe o Missal Romano, essa oração é dita, apenas, pelo sacerdote presidente da celebração.

Em seguida, o mesmo ministro deseja a paz, já que estamos **unidos no amor de Cristo**. Assim, fica bem claro que a Eucaristia deve formar unidade, e que onde existe divisão Jesus não está; não podendo receber o seu Corpo e Sangue, aquele em estado de intrigas, raiva, ódio ou vingança, permanece afastado da sua comunhão. A Eucaristia é para os humildes de coração, que oferecem o perdão e não guardam rancor. Por isso mesmo, a oração pede que o Senhor não veja os nossos pecados, mas sobretudo a veracidade da fé.

Seguem os cumprimentos da comunidade, em que todos desejam a paz mutuamente. **Esse gesto deve ser sóbrio**, dispensando cantos para o abraço da paz, para não abafar um momento tão importante que vem logo em seguida.

4 A fração do pão (Cordeiro de Deus)

Aqui, o sacerdote parte o pão consagrado sobre a patena e coloca um pedaço no cálice, fazendo uma oração silenciosa, que pede ao Senhor que o faça participar da vida eterna. Enquanto isso, canta-se ou recita-se o Cordeiro de Deus, que é, novamente, uma forma de ato penitencial, pedindo três vezes que Jesus, o Cordeiro imolado, venha ter compaixão de nós e trazer a sua paz.

Ainda sobre a fração do pão, Garmus diz que: "O gesto de partir o pão e de distribuí-lo aos comensais, feito pelo chefe de família, era um símbolo de fraternidade entre os judeus. A primeira caracterização da Eucaristia na Igreja primitiva é a do 'partir o pão'"[17].

5 Apresentação de Jesus Eucarístico

Neste momento, o sacerdote pronuncia uma das fórmulas presentes no Missal Romano e apresenta Jesus Eucarístico como o Cordeiro de Deus que tira todo o pecado da face da terra; o povo, por sua vez, inspirado naquela aclamação do centurião ao pedir que Jesus curasse o seu servo, diz que não é digno de receber Jesus na sua morada interior.

Vejamos esta passagem da Sagrada Escritura (Lc 7,2-10):

> E o servo de um certo centurião, a quem muito estimava, estava doente, e moribundo. E, quando ouviu falar em Jesus, enviou-lhe uns anciãos dos judeus, rogando-lhe que viesse curar o seu servo. E, chegando eles junto de Jesus, rogaram-lhe muito, dizendo: É digno de que lhe concedas isto, porque ama a nossa nação, e ele mesmo

17. GARMUS, Ludovico. *A paixão e a ressurreição de Jesus*: leitura e meditação a partir dos evangelhos. Petrópolis: Vozes, 2012, p. 18.

> nos confiou a sinagoga. E foi Jesus com eles; mas, quando já estava perto de casa, enviou-lhe o centurião uns amigos, dizendo-lhe: **Senhor, não te incomodes, porque não sou digno de que entres na minha casa**. E por isso nem ainda me julguei digno de ir ter contigo; **dize, porém, uma palavra, e meu criado ficará curado**. Porque também eu sou homem sujeito à autoridade, e tenho soldados sob o meu poder, e digo a este: vai, e ele vai; e a outro: vem, e ele vem; e ao meu servo: faze isto, e ele faz. E ouvindo isto, Jesus se maravilhou dele e, voltando-se, disse à multidão que o seguia: Digo-vos que em Israel não encontrei um homem de tanta fé. E, voltando para casa os que foram enviados, encontraram o servo curado[18].

Vemos aqui que Jesus elogiou a fé do centurião pagão e por isso atendeu ao seu pedido. A casa agora é o nosso ser, templo do Espírito Santo, lugar onde Jesus deseja habitar, e nós não somos dignos, mas a sua misericórdia sempre ultrapassa os nossos pecados e sua palavra meditada e interiorizada está sempre curando os males da nossa alma.

18. Grifos nossos.

6 Comunhão

Ao irmos receber o Corpo e o Sangue de Cristo pomo-nos numa postura de peregrinos, em procissão; aliás, na santa missa temos quatro procissões: de entrada, com o Evangeliário para o ambão, das ofertas, e esta, a qual nos dirigimos para receber a Eucaristia.

Todos nós batizados passamos a fazer parte da "família real" da Igreja, porque tornamo-nos membros do reino de Jesus Cristo. Não há uma distinção em dignidade entre aqueles que vão receber o Corpo e o Sangue do Senhor; ministros ordenados e assembleia celebrante são iguais, pois todos necessitamos desse "remédio" salutar que é penhor de vida eterna, a glória futura.

Nessa procissão recordamos do povo de Deus que peregrinou no deserto rumo à Terra Prometida e foi alimentado com o maná, que já prefigurava a Eucaristia. Essa caminhada do povo de Deus chegou até nós, comunidade da nova aliança do Pai em Jesus Cristo. Entre perdas e conquistas, derrotas e vitórias, salmos, cânticos do Evangelho, nas profecias, sempre retratamos o Deus peregrino que caminha com o seu povo eleito.

Assim, em procissão, vamos caminhando para nos alimentar com o novo Maná, que agora nos conduz para a verdadeira Terra Prometida, a morada celeste. Essa procissão de comunhão é o coroamento da celebração da missa, pois nos une plenamente com a Santíssima Trindade, Nossa Senhora, os santos e com os irmãos. Daí a necessidade de nos mantermos **em comunhão**; as divisões, contendas, intrigas divergem do verdadeiro sentido daqueles que se alimentam de Cristo. Portanto, quando nos alimentamos do nosso Salvador, recebemos a plenitude da comunhão, pois tornamo-nos, definitivamente, um com Ele e Ele conosco. Diz Jesus: "Se permanecerdes em mim, eu permanecerei em vós" (Jo 15,4).

> Nas procissões da santa missa contemplamos o Verbo eterno, Jesus Cristo, o supremo peregrino, que desce das alturas eternas para solidariamente caminhar conosco e nos levar para o Pai. Vem peregrino no seio de Maria, com ela vai ao encontro de Isabel (povo fiel que espera o Messias), foge para o Egito, volta para Belém, mas vai para Nazaré.

> E assim será toda a sua vida, um peregrinar, e em todos os lugares que passa leva a salvação, a redenção, a cura, o consolo, a paz para os pobres, para os ricos, para os sábios, os entendidos, as mulheres, as crianças, os pequeninos, os pecadores, os corruptos, todos são, em seus caminhos, alcançados pelo Caminheiro do Pai, Jesus[19].

Devemos, portanto, estar em estado de graça para receber o Corpo e o Sangue de Cristo. Por isso, se estivermos com culpas graves, devemos procurar o Sacramento da Reconciliação. Ensina-nos São Paulo: "Portanto, todo aquele que comer o pão ou beber o cálice do Senhor indignamente será culpável do Corpo e do Sangue do Senhor. Que cada um se examine a si mesmo e, assim, coma desse pão e beba desse cálice" (1Cor 11,27-28).

Ainda vale salientar sobre a maneira de receber a Eucaristia; de pé ou de joelhos, na língua ou na mão, são modos facultativos; no entanto, o uso do véu para as mulheres durante a santa missa não é mais obrigatório, também não existe

19. Disponível em: https://saojudas.org.br/wp-content/uploads/2021/01/revista-sao-judas-fevereiro-2021.pdf – Acesso em: 11 mar. 2024.

nenhum documento que proíba. No entanto, não devemos esquecer que o importante para se receber Jesus na Eucaristia não é estar de véu, em pé, de joelhos ou deitado (no caso de alguns enfermos e idosos), recebê-lo na língua ou na mão, mas sim estarmos em estado de graça pelo Sacramento da Reconciliação.

A Instrução Geral do Missal Romano (IGMR, n. 161), ao tratar desse assunto, orienta-nos: "Se a comunhão for distribuída unicamente sob a espécie do pão, o sacerdote levanta um pouco a hóstia e, mostrando-a a cada um dos comungantes, diz: O Corpo de Cristo ou *Corpus Christi*. O comungante responde: Amém, e recebe o Sacramento na boca, ou, se for permitido, na mão, conforme preferir. O comungante recebe a hóstia e comunga-a imediatamente e na íntegra. Quando a comunhão se faz sob as duas espécies, segue-se o rito descrito em seu lugar próprio (cf. n. 284-287)". Nesse caso, sendo por intinção, o sacerdote, o diácono ou ministro instituído deverá colocar sempre na boca do comungante (cf. n. 287).

7 Silêncio

Após a conclusão da comunhão, deve-se guardar o silêncio sagrado para aprofundar o encontro com o Senhor na Eucaristia.

Com a reforma litúrgica do Concílio Vaticano II, o silêncio tornou-se essencial nas celebrações litúrgicas. A Constituição *Sacrosanctum Concilium*[20], após motivar a participação plena e ativa dos fiéis mediante aclamações, respostas e canto, acrescenta: "Guarde-se também, em seu devido tempo, um silêncio sagrado" (SC 30). E a Instrução Geral do Missal Romano reafirma essa determinação: "Oportunamente, como parte da celebração, deve-se observar o silêncio sagrado" (IGMR, n. 45).

O Livro do Apocalipse, também, ensina a importância de silenciar diante do sagrado: "Quando o Cordeiro abriu o sétimo selo, fez-se silêncio no céu durante cerca de meia hora" (Ap 8,1).

O silêncio na liturgia não é um mero ficar calado, e tampouco uma espera vazia entre as par-

20. Constituição do Concílio Vaticano II que promoveu a reforma litúrgica, promulgada em 4 de dezembro de 1963.

tes da celebração. Ele faz parte da oração, é uma abertura para Deus, como também o reencontro consigo mesmo. Ele integra "mais intimamente no mistério que se celebra, em virtude das disposições interiores que derivam da Palavra de Deus que se escuta, dos cantos e das orações, e da união espiritual com o sacerdote" (MS 17)[21].

Nesse silêncio fecundo, aprofundamos a nossa união com Jesus Cristo e deixamos que Ele aja em nós pela força do Espírito Santo, que sempre vem socorrer a nossa fraqueza e nos ensinar a rezar, visto não sabermos o que pedir (cf. Rm 8,26).

8 Oração após a comunhão

Essa oração é como que o fechamento da missa. É a última oração presidencial que antecipa a bênção final e a despedida. Geralmente, retoma o tema da Eucaristia que acabou de ser recebida e pede que nos conservemos em comunhão com Cristo. Algumas vezes apresenta

21. Instrução *Musicam Sacram*, de 5 de março de 1967.

características teológicas do mistério celebrado, sobretudo nas solenidades e festas, como também nos tempos fortes (Advento, Natal, Quaresma, Páscoa). Essa oração se liga, ainda, à liturgia eucarística, e é o seu fechamento, pedindo a Deus as graças necessárias para se viver no dia a dia tudo que se manifestou perante a assembleia durante a celebração eucarística.

Vale a pena ilustrar agora, com uma profunda oração composta por Santo Tomás de Aquino, que poderá ser feita no silêncio do coração, logo após a recepção do Corpo e do Sangue de Cristo:

> Ó Deus, eu vos agradeço por me terdes admitido à comunhão do vosso Corpo e Sangue santíssimos. Eu vos suplico que esta comunhão não me seja causa de castigo, mas fonte de perdão. Que ela seja para mim a armadura da fé e o escudo da boa vontade. Que ela extinga em mim todo desejo de vingança e de ódio. Que ela faça crescer em mim a caridade e a paciência, a humildade e a obediência, e todas as outras virtudes. Que ela seja para mim o fortalecimento da minha vida, de forma que eu vença as sugestões dos meus inimigos. Pela comunhão dos vossos santos misté-

> rios concedei-me, Deus meu, que eu vos ame sobre todas as coisas e ao próximo por vosso amor. Amém[22].

Outro texto atribuído a Santo Inácio de Loyola, muito conhecido e com bela melodia é o *Anima Christi*, que poderá ser cantado ou rezado em silêncio, mas nunca substitui as orações presidenciais, como apresentadas acima.

Anima Christi, sanctifica me
Corpus Christi, salva me
Sanguis Christi, inebria me
Aqua lateris Christi, lava me.
Passio Christi, conforta me
O bone Jesu, exaudi me
Intra vulnera tua absconde me.
Ne permittas a te me separari
Ab hoste maligno defende me
In hora mortis meae voca me.

22. Disponível em: https://ric.com.br/prja/espiritualidade/oracao-de-sao-tomas-de-aquino-apos-a-comunhao-comungando-com-devocao/. Acesso em: 15 mar. 24.

Et iube me venire ad te

Ut cum sanctis tuis laudem te

Per infinita saecula saeculorum. Amen[23].

23. Disponível em: https://www.vagalume.com.br/marco-frisina/anima-christi.html – Acesso em: 15 mar. 24.

Ritos finais

1 Breves comunicações ou avisos

A Instrução Geral do Missal Romano apresenta os elementos dos ritos de encerramento da santa missa:

> Aos ritos de encerramento pertencem: a) breves comunicações, se forem necessárias; b) saudação e bênção do sacerdote, que em certos dias e ocasiões é enriquecida e expressa pela oração sobre o povo, ou por outra fórmula mais solene; c) despedida do povo pelo diácono ou pelo sacerdote, para que cada qual retorne às suas obras, louvando e bendizendo a Deus; d) o beijo ao altar pelo sacerdote e o diácono e, em seguida, a inclinação profunda ao altar pelo sacerdote, o diácono e os outros ministros (IGMR, n. 90).

Como vimos, antes da bênção pode haver breves comunicações, se forem necessárias. A IGMR não chama de avisos e não deveriam constituir um verdadeiro jornal de acontecimentos que vão se realizar em datas longínquas. Os ritos finais ou de encerramento deveriam brotar naturalmente do clima do rito de comunhão. Por isso nada de avisos logo após a comunhão, antes da oração depois da comunhão. Eles devem acontecer após essa oração presidencial.

Esses avisos não devem ser enfadonhos e prolixos. Na medida do possível, somente avisar acontecimentos que vão ocorrer durante a semana, ou mesmo, a quinzena, pois o povo esquece e evitam-se as repetições, sobretudo nos domingos seguintes.

Outro cuidado que se deve ter é com a celebração dos aniversários natalícios e as homenagens póstumas aos falecidos, pois não é o momento apropriado para isso. Podem até ser feitas, mas de maneira rápida e discreta; nada muito longo que tire o foco de **Jesus Cristo, o verdadeiro centro da santa missa**.

Nunca podemos esquecer que a missa não é para homenagens e sim para entrarmos em comunhão com Jesus Cristo por meio do seu sacrifício da cruz, que é oferecido ao Pai, no Espírito Santo, pelos vivos e pelos mortos. Atualizamos, também, a sua ressurreição e a comunhão dos santos, os quais resplandecem com a Virgem Maria dentro da oração eucarística. Não se pode esquecer que **é Jesus Cristo, Nosso Senhor, o grande homenageado**.

2 Bênção final

A bênção final pode acontecer de maneira simples, solene ou como oração sobre o povo.

A nova edição típica do Missal Romano, aprovada pela Conferência Nacional dos Bispos do Brasil (CNBB) e confirmada pela Santa Sé em 2023, traz uma oração sobre o povo para o Tempo da Quaresma.

Nas solenidades, o Missal Romano apresenta a tríplice invocação. Assim, tendo se alimentado da Palavra e da Eucaristia, o sacerdote, em nome da Santíssima Trindade, abençoa os fiéis e os envia para testemunhar a sua fé pelo mundo, no cotidiano, com palavras e atitudes condizentes com o nome de cristãos.

3 Despedida

Despede-se o povo para que cada qual retorne às suas boas obras, louvando e bendizendo a Deus. Portanto, os cristãos são novamente[24] enviados em missão para levar a paz do Senhor ao próximo, em seus trabalhos, durante toda a vida.

24. Pois já foram enviados pelo próprio batismo.

Aliás, a palavra missa vem de "*demissio*", que deriva do sintagma latino que se dizia no fim do serviço: "*Ite missa est*" (vão, estão enviados), do verbo "*mittere*", que significa mandar, enviar. Em nosso caso, ao acabar o maior serviço que prestamos a Deus, a celebração eucarística, somos enviados a testemunhar Jesus Cristo.

No Domingo da Ressurreição, na Oitava de Páscoa e no Domingo de Pentecostes, acrescenta-se à fórmula de despedida dois aleluias, tanto na parte do presidente da celebração como também na resposta da assembleia.

Vale lembrar aqui que não existe canto final ao se concluir a santa missa. A CNBB, com aprovação da Sé Apostólica, sugere um canto devocional após a oração depois da comunhão. Cantar alguma coisa nesse momento da dispersão não é obrigatório, mas também não há nenhuma norma que proíba. Sendo assim, fica melhor cantar uma melodia ligada à temática da celebração do dia nesse momento de saída, como já se faz na maioria das comunidades.

Postura corporal

1 Estar de pé

Os gestos são importantes na liturgia. Nosso corpo também "fala" por meio de gestos e atitudes. Durante toda a celebração litúrgica, nós gesticulamos, expressando um louvor visível ao nosso Deus. Vejamos o Salmo 94: "Vinde! Vamos **inclinar-nos** e **prostrar-nos**, fiquemos **de joelhos** perante o Deus que nos criou".

Quando ficamos de pé, demonstramos respeito e consideração, indicando prontidão e disposição para obedecer.

Em Neemias 8,5, o sacerdote Esdras reuniu o povo que havia reconstruído o muro de Jerusalém para a leitura da Lei de Deus: "E Esdras abriu o livro à vista de todo o povo e, abrindo-o, todo o povo se pôs em pé". Na nossa Igreja Católica ficamos de pé durante a leitura do Evangelho, em atenção à Palavra de Deus que está sendo proclamada.

Ficar de pé para ouvir textos bíblicos é sempre um sinal de respeito. No entanto, não existe um mandamento que ensine que as pessoas tenham que permanecer de pé quando as Escrituras são lidas. Esdras leu a Torá de pé em uma plataforma externa em Jerusalém.

Em seguida, temos outras posturas corporais, ainda nesse texto do Livro de Neemias, que serão aprofundadas neste capítulo: "Então, Esdras bendisse ao Senhor, o grande Deus; e todo o povo, **levantando as mãos**, respondeu: Amém! E, **inclinando-se**, adoraram ao Senhor, **com os rostos em terra**" (Ne 8,6).

Os versículos 7-8, ainda, acrescentam: "Os levitas explicavam ao povo a Lei; e o povo estava em pé no seu lugar". Esdras, também, falou que esse dia era de alegria, por ser o dia do Senhor, dia de convocação da assembleia litúrgica. Então, todo o povo foi para as suas casas a fim de comer e beber, partilhando com a vizinhança, com grande regozijo, porque tinham entendido a Palavra do Senhor (cf. Ne 8,12). Como diz o Salmo 119,162: "Regozijo-me com a tua palavra, como quem acha grande tesouro".

Ao ouvir a Palavra de Deus de pé, os israelitas aprenderam sobre a Festa dos Tabernáculos, que eles decidiram celebrar pela primeira vez desde o retorno a Jerusalém. A festa durou sete dias, em seguida um dia sagrado sem trabalho, que para nós cristãos é o domingo, o dia do Senhor. Portanto, se levantamos e ficamos de pé diante de uma pessoa a quem queremos honrar, na liturgia realizamos esse gesto para honrar o nosso Deus.

Assim como o povo de Judá nos dias do sacerdote Esdras, devemos mostrar respeito e reverência pela Palavra de Deus, ficando de pé sobretudo para a proclamação do Senhor em seu Evangelho. E o Salmo 119,11 ainda nos ensina: "Escondi a tua palavra no meu coração, para não pecar contra ti".

2 Sentados

Estar sentado será sempre uma atitude de escuta do Senhor. Essa postura se destaca, sobretudo, quando ouvimos as leituras da missa, cantamos o salmo, durante a homilia, na apresentação das ofertas e no silêncio após a santa comunhão. Portanto, é uma postura cômoda e se fica mais à vontade para ouvir e meditar, sem pressa, o que ouvimos e vimos durante a santa missa.

A postura de estar sentados favorece a catequese, pois nos dá a satisfação de ouvir sem muito cansaço.

Estando sentados, em pé ou de joelhos, tomamos uma posição que corresponde às razões da fé, história e estética.

Na casa dos amigos de Betânia, enquanto escutava o Senhor, Maria, irmã de Lázaro e Marta, ficou sentada, aos pés do Senhor, para ouvi-lo (cf. Lc 10,39). Maria escolheu a melhor parte.

Por outro lado, é necessário que o nosso corpo fique confortável no momento em que vamos escutar a explicação da Palavra de Deus (homilia), assim não divagaremos por outros pensamentos, além de evitar o mal-estar ou reclamações, sobretudo daqueles que estão em idade avançada. É importante que o corpo não seja um obstáculo para a oração, ao contrário, deverá ser um "aliado". Também, poderemos ficar sentados ou de pé naqueles momentos em que não conseguimos estar de joelhos; sempre numa postura confortável, de reverência e respeito para com o Senhor; mesmo os pequenos gestos demonstram o nosso amor para com Deus. Lembremos o que nos ensina Santo Agostinho: "*Ama Deus et fac quod vis*" (ame a Deus e faça o que quiser)[25], isso, claro, relativo à espontaneidade dos nossos gestos na sagrada liturgia. Fiquemos, portanto, perfeitos diante do Senhor: "Sede perfeitos, assim como o vosso Pai celestial é perfeito".

3 De joelhos

Quando nos ajoelhamos ou fazemos inclinação durante a missa, declaramos a nossa adoração sincera a Deus todo-poderoso. Essa homenagem significa que estamos submissos à sua vontade. Na celebração eucarística, ajoelhamo-nos no momento da consagração e, ainda, se for o caso, para receber a santa comunhão; sempre numa atitude de adoração.

25. Sem esquecer as normas litúrgicas.

A postura ajoelhada ainda tem um sentido penitencial, de arrependimento e humildade, como também de oração e de súplica.

No Novo Testamento existem várias referências a respeito dos primeiros cristãos que se ajoelhavam. Na Carta aos Efésios, São Paulo chega a dizer: "É por isso que eu **dobro os meus joelhos** diante do Pai" (Ef 3,14).

Na despedida diante dos anciãos de Éfeso, São Paulo reza de joelhos: "Sim, vós mesmos sabeis que para o que me era necessário, e aos que estão comigo, estas mãos me serviram. Tenho-vos mostrado em tudo que, trabalhando assim, é necessário auxiliar os enfermos, e recordar as palavras do Senhor Jesus, que disse: Mais bem-aventurada coisa é dar do que receber. **E, havendo dito isso, pôs-se de joelhos, e orou com todos eles**. E levantou-se um grande pranto entre todos e, lançando-se ao pescoço de Paulo, o beijavam. Entristecendo-se muito, principalmente pela palavra que dissera, que não veriam mais o seu rosto. E acompanharam-no até o navio" (At 20,34-38).

Jesus também orou de joelhos: "E apartou-se deles cerca de um tiro de pedra, **e pondo-se de joelhos**, orava, dizendo: Pai, se queres, passa de mim este cálice, porém não se faça a minha vontade, mas a tua. E apareceu-lhe um anjo do céu, que o fortalecia. E posto em agonia, orava mais intensamente" (Lc 22,41-44).

Para ressuscitar Tabita, Pedro também pôs-se de joelhos para rezar: "E, levantando-se, Pedro foi com eles; e quando chegou o levaram ao quarto de cima, e todas as viúvas o rodearam, chorando e mostrando as túnicas e roupas que Dorcas fizera quando estava com elas. Mas Pedro, fazendo sair todos, **pôs-se de joelhos e orou**. Voltando-se para o corpo, disse: Tabita, levanta-te. Ela abriu os olhos e, vendo Pedro, assentou-se. E ele, dando-lhe a mão, a levantou e, chamando os santos e as viúvas, apresentou-lhe viva. E foi isso notório por toda a cidade de Jope, e muitos creram no Senhor. E Pedro ainda ficou muitos dias em Jope, com certo Simão curtidor" (At 9,39-43).

São Paulo, ao compor o hino litúrgico-cristológico da Kénosis[26] de Nosso Senhor Jesus Cristo, tem a necessidade de afirmar que todos devem estar de joelhos diante de seu nome redentor, pois Ele sendo de condição divina não fez isso como usurpação, mas aniquilou-se a si mesmo tomando a forma humana (de escravo/servo) e, por ser obediente ao Pai na sua paixão e morte, foi exaltado pela sua ressurreição; por isso que ao nome de Jesus **todo joelho se dobre nos céus, na terra e debaixo da terra**, e toda língua proclame que Jesus Cristo é o Senhor para a glória de Deus Pai (cf. Fl 2,1-11).

Ainda, São Paulo aos Romanos: "Está escrito: como eu vivo, diz o Senhor, **que todo joelho se dobrará a mim**, e toda língua confessará a Deus" (Rm 14,11).

O Livro do Apocalipse de São João também nos ensina: "E olhei, e ouvi a voz de muitos anjos ao redor do trono... Que com voz forte diziam: Digno é o Cordeiro, que foi imolado, de receber

26. Kénosis é uma palavra grega que quer dizer rebaixamento, neste caso, a Encarnação do nosso próprio Deus na pessoa de Jesus Cristo.

o poder, e riquezas, e sabedoria, e força, e honra, e glória, e ações de graças. E ouvi dizer: Ao que está sentado no trono, e ao Cordeiro, sejam dadas ações de graças, e honra, e glória, e poder para todo o sempre. E os quatro animais diziam: Amém. E os vinte e quatro **anciãos prostraram-se, e adoraram** ao que vive para sempre" (Ap 5,11-14).

Nos Atos dos Apóstolos encontramos dois textos importantes: a oração que Santo Estêvão faz durante o seu apedrejamento: "E, **pondo-se de joelhos**, clamou com voz forte: Senhor, não lhes imputes este pecado. E, tendo dito isto, adormeceu" (At 7,60). E a despedida de São Paulo em Tiro, na Síria: "E, havendo passado ali aqueles dias, saímos e seguimos nosso caminho. Acompanhando-nos todos, com as mulheres e filhos até fora da cidade; **e postos de joelhos na praia**, oramos" (At 21,5).

Diante de toda essa riqueza bíblica da postura estar de joelhos, retomemos o nosso fervor de adoração e passemos a realizá-la com maior empenho, unindo-nos aos cristãos da terra e aos santos do céu.

Não devemos esquecer que se faz uma genuflexão sempre que se passa diante do sacrário, estando ele no presbitério ou na capela lateral dedicada ao Santíssimo Sacramento. Se a Eucaristia estiver em exposição, essa reverência se faz com os dois joelhos. Deve-se fazer, também, uma reverência (inclinação com o corpo) diante do altar do sacrifício, pois ele representa o próprio Cristo, a pedra angular da Igreja; por isso foi ungido com o óleo do Crisma.

4 Mãos suplicantes

Ao juntarmos as mãos ou erguê-las, mostramos toda a nossa confiança e fé no nosso Deus. As mãos, na Sagrada Escritura, também são usadas para abençoar, curar e para invocar o Espírito Santo, como já vimos nas duas epicleses[27] que acontecem dentro da oração eucarística.

---

27. Epiclese é uma palavra grega que significa invocação do Espírito Santo pela imposição das mãos.

Apresentaremos, agora, esse gesto fundamentado pela Bíblia, onde a pureza das mãos e sua diligência são exaltadas:

"Erguei as mãos para o santuário e bendizei o Senhor!" (Sl 134,2).

"Cães me rodearam! Um bando de homens maus me cercou! Perfuraram minhas mãos e meus pés" (Sl 22,17).

"Ouve as minhas súplicas quando clamo por socorro, quando ergo as mãos para o teu Santuário" (Sl 28,2).

"Enquanto eu viver te bendirei, e em teu nome levantarei as minhas mãos" (Sl 63,4).

"O Senhor me recompensou conforme minha justiça, conforme a pureza das minhas mãos diante dos seus olhos" (Sl 18,24).

"Tu me dás o teu escudo de vitória; tua mão direita me sustém; desces ao meu encontro para exaltar-me" (Sl 18,35).

"As mãos preguiçosas empobrecem o homem, porém as mãos diligentes lhe trazem riqueza" (Pr 10,4).

"Eis que eu te desenhei na palma das mãos" (Is 49,16a).

"O Senhor mandará que a bênção esteja contigo nos celeiros e em todo trabalho de tuas mãos. E o Senhor teu Deus te abençoará na terra que te dá" (Dt 28,8).

"Se a tua mão te fizer pecar, corta-a. É melhor entrar na vida com uma mão do que, tendo as duas mãos, ir para o inferno" (Mc 9,43).

"Em seguida, tomou as crianças nos braços, impôs-lhes as mãos e as abençoou" (Mc 10,16).

"Ao pôr do sol, o povo trouxe a Jesus todos os que tinham vários tipos de doenças: e Ele os curou, impondo as mãos sobre cada um deles" (Lc 4,40).

"Os outros discípulos lhe disseram: Vimos o Senhor! Mas ele lhes disse: Se eu não vir as marcas dos pregos nas suas mãos, não colocar o meu dedo onde estavam os pregos e não puser a minha mão no seu lado, não acreditarei. Oito dias depois os seus discípulos estavam outra vez ali e Tomé com eles. Apesar de as portas estarem trancadas, Jesus entrou, pôs-se no meio deles e disse: A paz esteja convosco! E disse a Tomé: Coloca o teu dedo aqui, vê as minhas mãos. Estende a mão e coloca-a no meu lado e não sejas incrédulo" (Jo 20,25-27).

"Não te apresses a impor as mãos sobre alguém, nem sejas cúmplice de pecados alheios. Conserva-te puro" (1Tm 5,22).

"Por isso te exorto a reavivar o dom de Deus que recebeste pela imposição das minhas mãos" (2Tm 1,6)[28].

Portanto, com as mãos, no sentido positivo, podemos trabalhar, abraçar, ajudar, segurar, curar, abençoar, invocar o Espírito Santo, rezar, fazer o bem. Devemos usá-las nesse sentido para fazer o bem segundo a vontade de Deus, evitando todo pecado. Como vimos numa citação acima, Jesus demonstrou a sua obediência ao Pai quando permitiu que furassem suas mãos no lenho da cruz. As mãos feridas de Jesus nos curam, como nos en-

---

28. Nestas duas últimas citações bíblicas da Primeira e da Segunda Carta de São Paulo a Timóteo, vê-se, claramente, que a imposição das mãos de Paulo foi feita como gesto epiclético para a ordenação episcopal de Timóteo.

sinou o Profeta Isaías no quarto canto do Servo (cf. Is 52–53).

É assim que nossas mãos devem ser apresentadas a Deus na liturgia e, sobretudo, na santa missa.

5 Durante a profissão de fé (Creio)

Fazemos a profissão de fé nas missas dominicais e nas solenidades. Lembra-nos o que faziam os catecúmenos adultos na Igreja Primitiva, que participavam da missa até este momento e depois eram demitidos, pois a Eucaristia fazia parte do segredo dos cristãos (disciplina do arcano)[29].

Vale salientar que não é um juramento, **por isso o gesto de ficar com a mão levantada, enquanto se proclama o Creio, é mero subjetivismo que empobrece a ação litúrgica**.

---

29. Este é um termo teológico para expressar o costume que prevaleceu nos primeiros séculos da Igreja, pelo qual o conhecimento dos grandes mistérios da fé só era apresentado aos batizados, ou seja, aos neófitos, e nunca aos catecúmenos, que ainda estavam na catequese de preparação para estes sacramentos da iniciação cristã (Batismo, Crisma e Eucaristia).

A profissão de fé não é acompanhada com gestos excessivos, apenas ficamos de pé em sinal de prontidão. Uma inclinação com a cabeça ao nome de Jesus poderá ser feita.

No momento do "***Et incarnatus est***" ("E se encarnou pelo Espírito Santo... e se fez homem") ou "Foi concebido pelo poder do Espírito Santo, nasceu da Virgem Maria", deverá haver uma inclinação, e nas solenidades do Natal do Senhor e da sua Anunciação em 25 de março[30] todos devem ficar de joelhos nesse momento em que afirmamos a Encarnação do Verbo de Deus.

---

30. A solenidade da Anunciação do Senhor poderá ser transferida para a segunda-feira depois da Oitava de Páscoa; isto se acontecer que o dia 25 de março ocorra dentro da Semana Santa.

O canto litúrgico

Não é qualquer canto que se escolhe para as celebrações litúrgicas, sobretudo quando se trata da santa missa, pois existem critérios de escolha.

Há uma diferença marcante entre **canto litúrgico** e **canto religioso** (ou canto mensagem). Este último é menos criterioso, podendo-se levar em conta o gosto dos cantores, a lembrança afetiva, a facilidade para execução. Devem ser entoados fora das celebrações litúrgicas oficiais, como em procissões, louvores, vigílias de oração, encontros, caminhadas, carreatas etc.

Aqui vamos nos deter nos critérios para escolha do canto litúrgico oficial a ser executado na santa missa, celebração dos outros sacramentos, liturgia da Palavra na ausência do sacerdote.

Esses critérios devem levar em conta, sobretudo, o **tempo litúrgico** (Advento, Natal, Quaresma, Páscoa, Tempo Comum); o **dia litúrgico** (as solenidade e festas do Senhor, de Nossa Senhora e dos santos; o domingo); o **momento litúrgico** (no caso da santa missa: entrada, salmo responsorial, aclamação ao Evangelho, apresentação das ofertas, comunhão, saída).

Ainda temos outras características básicas para a escolha do canto litúrgico: conteúdo de inspiração bíblica, salmos, ter todo o cuidado com as músicas destinadas às partes fixas da celebração eucarística, pois as letras são imutáveis, como: o ato penitencial (Senhor/Cristo/Senhor, tende piedade de nós), o Glória a Deus nas alturas, o Creio, o Santo (que é um texto bíblico: "E clamavam uns aos outros, dizendo: Santo, Santo, Santo é o Senhor dos Exércitos; toda a terra está cheia da sua glória" – Is 6,3), o Pai-nosso e o Cordeiro de Deus. Essas partes têm letras fixas e já fazem parte da tradição da Igreja, podendo ter melodias variadas, sempre com o cuidado para serem fáceis, para que o povo de Deus possa aprender e cantar sem muito esforço.

1 Antífona ou canto de entrada

Deverá ser um convite que expresse a abertura da celebração, evidenciando a motivação do tempo litúrgico ou da festa. Por exemplo, se é para o **Tempo Pascal**, deverá expressar a ressurreição de Jesus Cristo e convidar a todos a participarem da celebração com alegria, aclamações, roupas festivas e sorriso nos lábios. Portanto, leva em consideração o tempo litúrgico, o dia litúrgico e o momento dentro da santa missa.

Já para a **Assunção de Nossa Senhora**, em 15 de agosto ou no domingo seguinte a este dia, deve anunciar a vitória da Virgem Maria sobre a morte. Interessante cantar algo que lembre a visão da mulher cosmológica do capítulo 12 de Apocalipse, texto esse que a Igreja sempre aplicou a Nossa Senhora. Ela aparece resplandecente e vitoriosa, vencedora do dragão[31] que queria devorar o seu Filho tão logo nascesse e que continua a lutar contra os seus descendentes, os cristãos de todos os tempos. Pode-se cantar, também, o Magnificat (cf. Lc 1,46-55), em que Nossa Senhora ensina que os soberbos são despedidos de mãos vazias e os humildes, como ela, serão elevados: "olhou a humildade de sua serva" (Lc 1,48).

31. Personificação do mal.

Sua letra é imutável, deverá ser o próprio salmo que está no lecionário com a sua antífona que será sempre repetida pela assembleia, isso porque as estrofes serão cantadas ou proclamadas por um leigo.

É chamado de responsorial porque está respondendo aos apelos feitos pela primeira leitura; portanto, vamos sempre encontrar um elo temático entre esses dois textos da liturgia da Palavra.

Atenção: não existe canto de meditação nem letras inspiradas em salmos só para atender à subjetividade das pessoas. Muito cuidado com as missas de sétimo dia ou de aniversários, ou mesmo celebração do Sacramento do Matrimônio, quando se pede que se cante músicas de gosto próprio dos protagonistas. Repetindo, **deverá ser sempre um salmo que responda à leitura da Palavra de Deus que foi proclamada anteriormente**.

Vejamos os exemplos:

No Quarto Domingo da Páscoa – ano B: nesse caso a leitura antecedente é a do capítulo 4 do Livro dos Atos dos Apóstolos, que trata do discurso de Pedro quando saiu da prisão, junto com João. Lá ele diz que a pedra que os construtores rejeitaram tornou-se a pedra angular (cf. At 4,11), o salmo apropriado para resposta é o 117(118), que é o salmo pascal por excelência e que traz este versículo:

> Antífona: A pedra que os pedreiros rejeitaram tornou-se agora a pedra angular.
>
> 1. Dai graças ao Senhor, porque Ele é bom! Eterna é a sua misericórdia!
>
> É melhor buscar refúgio no Senhor do que pôr no ser humano a esperança.
>
> É melhor buscar refúgio no Senhor do que contar com os poderosos deste mundo!
>
> 2. Dou-vos graças, ó Senhor, porque me ouvistes e vos tornastes para mim o Salvador!
>
> A pedra que os pedreiros rejeitaram tornou-se agora a pedra angular.
>
> Pelo Senhor é que foi feito tudo isso: que maravilhas Ele fez a nossos olhos.
>
> 3. Bendito seja, em nome do Senhor, aquele que em seus átrios vai entrando!
>
> Vós sois meu Deus, eu vos bendigo e agradeço! Vós sois meu Deus, eu vos exalto com louvores!
>
> Dai graças ao Senhor, porque Ele é bom! Eterna é a sua misericórdia[32].

32. Lecionário Romano.

Para a **Assunção de Nossa Senhora** é apropriado o Salmo 44, que trata da rainha sendo conduzida ao rei. Vejamos:

> Antífona: À vossa direita se encontra a rainha, com veste esplendente de ouro de Ofir.
>
> 1. As filhas de reis vêm ao vosso encontro, e à vossa direita se encontra a rainha, com veste esplendente de ouro de Ofir.
>
> 2. Escutai, minha filha, olhai, ouvi isto: Esquecei vosso povo e a casa paterna. Que o Rei se encante com vossa beleza! Prestai-lhe homenagem: é vosso Senhor.
>
> 3. Entre cantos de festa e com grande alegria, ingressam, então, no palácio real[33].

3 Aclamação ao Evangelho

O canto de aclamação ao Evangelho deverá ter sempre como antífona O ALELUIA, com exceção do Tempo da Quaresma em que ele é substituído pela antífona *Louvor e glória a Ti, Senhor! Cristo, Palavra de Deus!*, ou outra composição semelhante. Constitui-se de um convite para ouvir o anúncio do Evangelho de Jesus Cristo, pois é o Mestre mesmo que vai falar. Deve ser curto e seu versícu-

33. Lecionário Romano.

lo será o que está indicado no lecionário, próprio para aquele dia.

4 Apresentação das ofertas

É um canto facultativo. A equipe dos cantores combina com o padre. Se optarem por não executar esse canto, é importante que o sacerdote diga, de modo audível, as orações de oferecimento do pão e do vinho, e o povo aclamará depois de cada oferecimento: "Bendito seja Deus para sempre".

Se optarem por ser cantado, deve-se levar em consideração a letra. Não precisa obrigatoriamente falar de pão e vinho, mas deve conter o oferecimento da vida, dos trabalhos, das alegrias e tristezas. Que traga sempre a temática do mistério litúrgico celebrado.

5 Comunhão

É um canto processional, para se cantar andando. A letra deverá estar, preferencialmente, em sintonia com o Evangelho, pois essa é a tradição da nossa Igreja. Aliás, a antífona de comunhão, que está no Missal, é a ideal para ser o refrão, como já acontece em algumas composições. Essa antífona está sempre relacionada com o Evangelho, sobretudo aos domingos. Um salmo escolhido, conforme a liturgia do dia, poderá aparecer como as estrofes desse canto.

Se for o caso, pode-se cantar, logo em seguida ao término da comunhão, um canto de ação de graças, louvando e agradecendo ao Senhor por esse encontro com Ele e com os irmãos. Sem esquecer do tempo de silêncio, tão necessário para a adoração e intimidade com o Senhor.

6 Saída

Deve ser entoado após a bênção final, enquanto o povo vai se retirando da igreja ou se preparando para ficar ainda um pouco mais. Deve tratar de missão, compromisso, sem esquecer o tema do Evangelho do dia, como também o tempo ou dia litúrgicos celebrados. É importante demonstrar que o Senhor ressuscitado continua presente em nosso coração, mesmo depois da despedida.

Ele está sempre conosco, como prometeu: "Eis que estarei convosco todos os dias até o fim dos tempos" (Mt 28,20). É bom concluir a santa missa com essa certeza! Pois, nessa fé e esperança, teremos coragem para testemunhar Jesus no nosso cotidiano, ou seja, a missa acabou, mas a missão continua.

Ao sairmos da celebração imbuídos dessa verdade, estaremos nos motivando para buscar a santidade que um dia nos dará, também, a glória da ressurreição da carne, e estaremos para sempre com o Senhor.

7 O ordinário (canto das partes fixas da missa)

a) Ato penitencial

De caráter introspectivo, é uma expressão da compunção do coração que roga ao Senhor misericórdia e piedade. Portanto, deverá conter claramente um pedido de perdão. É dirigido ao Senhor, segunda Pessoa da Santíssima Trindade, o Filho, que se tornou o **Kýrios** pela sua ressurreição.

Assim sendo, não poderá ser substituído por outro canto, podendo, no entanto, ter várias melodias, contanto que traga a letra que está no Missal Romano, ou mesmo manter a língua grega: *Kýrie eléison, Christe eléison, Kýrie eléison*[34].

b) Canto do Glória a Deus nas alturas

Presente, obrigatoriamente, nas festas, solenidades e aos domingos, com exceção daqueles dos tempos do Advento e da Quaresma, esse texto, que remonta à tradição da Igreja, deve ser proclamado ou cantado, na sua integralidade, como está no Missal Romano.

Atenção: não é qualquer hino que tenha o vocábulo GLÓRIA que corresponde ao hino de louvor da santa missa; **cuidado**, também, com o canto do Glória bem reduzido que evoca, apenas, a Santíssima Trindade, deixando à parte os outros atributos relativos ao Pai e ao Filho. O Glória da missa, mesmo sen-

34. Como dissemos no início, essa é a única parte da missa latina que ainda permanece em grego, com o objetivo de voltar às fontes, ou seja, recordar que a missa na Igreja Primitiva era rezada em língua grega, como nos ritos orientais, ainda em nossos dias.

do trinitário, põe o acento na figura do Filho, sendo então um hino cristológico. Vejamos as aclamações dirigidas ao Filho: "Senhor Jesus Cristo, Filho unigênito; Senhor Deus, Cordeiro de Deus, Filho de Deus Pai. Vós que tirais o pecado do mundo, tende piedade de nós. Vós que tirais o pecado do mundo, acolhei a nossa súplica. Vós que estais à direita do Pai, tende piedade de nós. Só Vós sois o Santo; só Vós, o Senhor; só Vós, o Altíssimo, Jesus Cristo".

c) Canto do Creio

A profissão de fé pode ser rezada ou cantada dos dois modos que aparecem no Missal. O Símbolo Apostólico, o mais antigo e curto, como também o Credo Niceno-constantinopolitano, fruto do Concílio de Niceia, que tratou do Filho, afirmando as suas duas naturezas, a humana e a divina, como sendo iguais na Pessoa de Nosso Senhor Jesus Cristo, e do Concílio de Constantinopla, que afirmou ser o Espírito Santo uma Pessoa, pois Ele falou por meio dos profetas, sendo também o Doador da Vida.

d) O Santo

Como já foi dito, o Santo é um canto bíblico (cf. Is 6,3) que se situa dentro da oração eucarística, como fechamento do prefácio; por isso imutável. Deve-se dizer ou cantar o próprio texto, sem modificações.

Atenção: mesmo que se diga três vezes o vocábulo **santo** e o restante do texto seja adaptado, não serve para esse momento litúrgico. Por natureza, é um canto vibrante, que expressa de maneira veemente a santidade do nosso Deus. Convoca-se a Jerusalém do Céu (Igreja Triunfante), os santos, para cantar junto com a Igreja Militante, que somos nós, esse canto dos redimidos.

e) Doxologia final – "Por Cristo, com Cristo e em Cristo..."

O vocábulo **Doxa** vem da língua grega e significa **Glória**. É, portanto, a glorificação final do nosso Deus uno e trino, que conclui a missa propriamente dita, pois o sacrifício de Jesus Cristo acaba de ser oferecido, pelas mãos do sacerdote, ao

Pai, pela Igreja dos vivos e dos mortos. A doxologia deveria ser sempre cantada e somente pelo presidente da celebração e os concelebrantes, pois facilita que a assembleia já entre com o **amém final** que, quando cantado, exprime mais fortemente o que a Igreja quer dizer, ou seja, que todos acreditamos e estamos de acordo com o que foi pronunciado na oração eucarística.

Os Padres da Igreja nos informam que, nos primeiros séculos, esse amém final era cantado com tanta força e unção que os templos e seus acessórios chegavam a estremecer. Esse **AMÉM é o amém mais importante da santa missa**.

f) O Pai-nosso

Pode ser cantado, mas desde que com as mesmas palavras da oração que se encontram no Missal. Como já explicamos anteriormente, não se diz o amém, pois o sacerdote retoma, continuando a mesma súplica de exorcismo que conclui o Pai-nosso: "[...] Não nos deixeis cair em tentação, mas **livrai-nos do mal**". E o sacerdote retoma: "**Livrai-**

-nos de todos os males, ó Pai, e dai-nos hoje a vossa paz. Ajudados pela vossa misericórdia, sejamos sempre livres do pecado e protegidos de todos os perigos, enquanto aguardamos a feliz esperança e a vinda do nosso Salvador, Jesus Cristo"[35]. Uma verdadeira e completa oração de exorcismo.

g) Cordeiro de Deus

Aqui também o texto é imutável! É um canto penitencial e sacrifical, entoado momentos antes de recebermos o Corpo e o Sangue de Cristo. Imploramos, mais uma vez, que o Senhor nos perdoe as culpas, e assim possamos recebê-lo com o coração mais purificado. Esse perdão foi conquistado por Ele mediante o seu sacrifício da cruz, em obediência à vontade do Pai, tornando-se, assim, o novo Adão e o Cordeiro da nova aliança. Jesus é, portanto, o Cordeiro de Deus que tira o pecado do mundo (cf. Jo 1,29).

35. Missal Romano.

No Livro do Apocalipse, depois de escrever às comunidades, João tem a visão de uma porta aberta no céu, e ouve uma voz que o convida a entrar. Lá serão mostradas para ele "as coisas que devem acontecer" (Ap 4,1). Quando entra no céu vê um trono e nele alguém sentado com um livro na mão direita. Esse livro está lacrado com sete selos. É o livro da vida! Ninguém foi capaz de abri-lo e por isso João chorava copiosamente (cf. Ap 5,4).

De imediato aparece um ancião que o consola dizendo que o "leão da tribo de Judá, o rebento de Davi, venceu, para abrir o livro e os seus sete selos" (Ap 5,5). E João vê um Cordeiro de pé, como que imolado. Esse Cordeiro é Nosso Senhor Jesus Cristo, que venceu a morte e por isso é capaz de perdoar os nossos pecados. Aliás, ao cair da tarde do Domingo da Ressurreição, Jesus glorioso aparece aos onze apóstolos, que estavam trancados por medo dos judeus, oferecendo-lhes os presentes pascais: o dom da **paz**, a **alegria** da ressurreição, o **envio** para a missão, o dom do **Espírito Santo**, e os institui como **portadores do perdão dos peca-**

dos, ficando claro que, neste momento, oficializa o Sacramento da Reconciliação (cf. Jo 20,22-23) e liga-o ao Espírito Santo. Ele, o Cordeiro imolado, e o Pai, que está sentado no trono, são dignos de receber o poder, a riqueza, a sabedoria, a força, a honra, a glória e o louvor para sempre (cf. Ap 5,12-13).

As melodias para esse canto poderão ser polifônicas, como também mais lentas e meditativas. Em canto gregoriano sempre se diz o texto latino: "*Agnus Dei, qui tollis peccata mundi, miserere nobis*" (duas vezes), na terceira, acrescenta-se: "*Dona nobis pacem*"[36].

---

36. Cordeiro de Deus, que tirais o pecado do mundo, tende piedade de nós [...] dai-nos a paz.

O uso do incenso na missa

A presença do incenso na santa missa remonta aos sacrifícios realizados no Templo de Jerusalém.

A fumaça do incenso, brotando constantemente do altar, deseja simbolizar as orações do povo de Deus que sobem diante do Senhor. No tabernáculo do Templo o incenso só podia ser oferecido pelos sacerdotes, que eram, assim como hoje, os mediadores entre o povo e seu Deus, trazendo as orações da assembleia à presença do Altíssimo. No Antigo Testamento encontramos uma cena que violou essa prescrição litúrgica, quando o Rei Azarias tentou entrar no santuário, ou seja, no lugar santo, e queimar uma oferta de incenso em seu próprio nome, enquanto os sacerdotes protestavam. Essa posição de *status* que ele buscava voltou-se contra ele, e por isso foi atingido pela lepra, que o tornou impuro e, portanto, incapaz de entrar no Templo (cf. 2Cr 26,16-21).

O Salmo 141,2 expressa, claramente, essa ideia. Davi cantou ao Senhor: "Suba à tua presença a minha oração como incenso".

O altar do incenso também estava ligado aos ritos de sacrifício em Israel. Quando uma oferta de sacrifício era exigida devido a um pecado do sumo sacerdote, o sangue do novilho ofertado deveria ser colocado nos chifres do altar do incenso e derramado em sua base (cf. Lv 4,3-7). Observa-se aqui que no Templo havia um altar dedicado à oferta do incenso. O sacerdote Zacarias, pai de São João Batista, estava oferecendo um sacrifício junto ao altar do incenso quando o Anjo Gabriel lhe apareceu para anunciar a vinda do Precursor pelo ventre de Isabel. Vejamos o texto:

> Certa vez, estando de serviço o seu grupo, Zacarias estava servindo como sacerdote de Deus. Ele foi escolhido por sorteio, de acordo com o costume do sacerdócio, para entrar no santuário do Senhor e oferecer incenso. Chegando a hora de oferecer o incenso, o povo estava orando do lado de fora. Então, um anjo do Senhor apareceu a Zacarias, à direita do altar do incenso. Quando Zacarias viu, perturbou-se e foi dominado pelo medo. Mas o anjo lhe disse: Não tenha medo, Zacarias, sua oração foi ouvida. Isabel, sua mulher, dará a você um filho, e você lhe dará o nome de João. Ele será motivo de prazer e de alegria e muitos se alegrarão por causa do seu nascimento, pois será grande aos olhos do Senhor. Ele nunca tomará vinho nem bebida fermentada, e será

> cheio do Espírito Santo desde antes do seu nascimento. Fará retornar muitos dentre o povo de Israel ao Senhor, o seu Deus. Ele irá adiante do Senhor, no espírito e poder de Elias, para fazer voltar o coração dos pais a seus filhos e os desobedientes à sabedoria dos justos, para deixar um povo bem preparado para o Senhor. Zacarias perguntou ao anjo: Como posso ter certeza disso? Sou velho, e minha mulher é de idade avançada. O anjo respondeu: Sou Gabriel, o que está sempre na presença de Deus. Fui enviado para transmitir estas boas-novas. Agora você ficará mudo. Não poderá falar até o dia em que isso acontecer, porque não acreditou em minhas palavras, que se cumprirão no tempo oportuno. Enquanto isso, o povo esperava por Zacarias, estranhando sua demora no santuário. Quando saiu, não conseguia falar nada; o povo percebeu então que ele tivera uma visão no santuário. Zacarias fazia sinais para eles, mas permanecia mudo. Quando se completou seu período de serviço, ele voltou para casa. Depois disso, Isabel, sua mulher, engravidou e durante cinco meses não saiu de casa (Lc 1,13-24).

Esse grande acontecimento do anúncio do Precursor do Senhor se deu no Templo de Jerusalém, junto ao altar do incenso; demonstrando que os sacrifícios, acompanhados com os perfumes do incenso, são agradáveis ao Senhor, que sempre ouve a oração de fé do seu povo.

Além dessas ofertas diárias, o sumo sacerdote tinha que entrar no Santo dos Santos, uma vez por ano, no Dia da Expiação. Ele levava consigo um incensário portátil[37] que forneceria uma nuvem protetora de fumaça, sob a qual ele poderia levar, com segurança, o sangue das ofertas de purificação e aplicá-lo ao propiciatório no topo da arca da aliança (cf. Lv 16,12-13).

Esse ritual sacerdotal, próprio da antiga aliança, foi substituído pelo que ele simbolizava: as orações dos santos que sobem a Deus. Vejamos no Livro do Apocalipse: "E quando ele recebeu o livro, os vinte e quatro anciãos caíram de joelhos diante do Cordeiro, cada um com uma harpa e com taças de ouro cheias de incenso, que são as orações do povo de Deus" (Ap 5,8). E ainda: "Veio outro anjo e pôs-se junto ao altar, tendo um incensário de ouro; e foi-lhe dado muito incenso, para pôr com as orações de todos os santos sobre o altar de ouro, que está diante do trono. E a fumaça do incenso subiu

37. Hoje, chamado de turíbulo, como no Livro do Apocalipse.

com as orações dos santos desde a mão do anjo até diante de Deus" (Ap 8,3-4).

Agora temos um Sumo Sacerdote definitivo que entrou de uma vez por todas no Santuário do céu, não mais com sangue de animais, mas com o seu próprio Sangue, Nosso Senhor Jesus Cristo, que é o verdadeiro sacrifício expiatório pelos nossos pecados (cf. 1Jo 2,2); purificando, assim, o seu povo para sempre (cf. Hb 9,11-14).

Tendo feito esta fundamentação bíblica, vejamos o modo de se oferecer o incenso na santa missa, o sacrifício contínuo de Jesus Cristo. Geralmente é usado aos domingos e solenidades como uma oferta simbólica das orações da Igreja que sobem ao nosso Deus.

O perfume do incenso está presente na procissão de entrada, indo à frente da cruz processional e para a incensação do altar e da própria cruz, antes dos ritos iniciais da missa. Durante o rito da Palavra, à frente da procissão do Evangelho e para o seu anúncio. Na liturgia eucarística, é utilizado logo após a apresentação das ofertas, em cima das oblatas (oferendas). Nesse momento, incensa-se, também, o sacerdote e os concelebrantes e, ainda, todo o povo de Deus. Por fim, na consagração e na saída solene, quando se conclui a missa.

O vocábulo LITURGIA vem da língua grega: *LEITURGUIA* de ***leiton-érgon*** que significa "**ação do povo**" ou "**serviço da parte do povo e em favor do povo**". A tradição cristã deseja dizer que o povo de Deus toma parte na sua obra, pois, pela liturgia, Cristo o nosso Redentor e Sumo Sacerdote continua em sua Igreja, com ela e por ela, a obra da nossa redenção. Por isso podemos dizer com São Paulo: "E graças a Deus, que sempre nos faz triunfar em Cristo, e por meio de nós manifesta em todo lugar a fragrância do seu conhecimento. Porque para Deus somos o bom perfume (odor) de Cristo" (2Cor 2,14-15a).

Que as nossas orações de ação de graças e louvor subam, dia e noite, como o incenso, diante do altar de Deus!

Dúvidas frequentes...

1 Ministros ordenados e ministros extraordinários da comunhão

Os ministros ordenados são aqueles que recebem um dos graus do Sacramento da Ordem, portanto, o diácono, o presbítero (padre) e o epíscopo (bispo). Eles administram os sacramentos conforme o grau em que foram ordenados pela imposição das mãos do bispo; no caso dos epíscopos, esse gesto, que remonta à comunidade cristã primitiva, é feito pelo bispo consagrante principal e outros dois bispos assistentes.

Os diáconos podem ministrar o Sacramento do Batismo e do Matrimônio, presidir a celebração da Palavra e distribuir a Eucaristia com as partículas anteriormente consagradas pelos sacerdotes ou bispos. Pode, também, levar a sagrada comunhão para os enfermos e dar a bênção do Santíssimo. Os sacerdotes realizam tudo o que os diáconos fazem e, ainda, celebram a santa missa, ministram o Sacramento da Reconciliação e da Unção dos Enfermos, podendo crismar com a permissão do bispo. Os epíscopos, que têm a plenitude do sacerdócio e são os legítimos sucessores dos apóstolos, realizam tudo que os padres fazem e, ainda, presidem o Sacramento da Ordem em todos os graus; é o ministro ordinário do Sacramento da Confirmação (Crisma), podendo delegar um padre para as ocasiões determinadas quando está impossibilitado de se fazer presente.

Já os ministros extraordinários da sagrada comunhão são leigos a quem é dada a permissão, temporária ou permanente, de distribuir a comunhão aos fiéis na missa e em outras circunstâncias, como levar a Eucaristia aos enfermos e idosos; aliás, esta é sua função principal[38].

O *Motu Proprio* de São Paulo VI, *Ministeria Quaedam*, de 1972, com o qual instituía os ministérios de leitor e acólito, autoriza os leigos a terem a sua própria custódia, ou seja, o recipiente onde se coloca a hóstia consagrada para levá-la aos enfermos e idosos (também chamada de teca), podendo,

---

38. Cf. Instrução da Congregação para o Culto Divino e a Disciplina dos Sacramentos: *Redemptionis Sacramentum*, n. 147.

ainda, expor o Santíssimo Sacramento e presidir a celebração da Palavra.

Resumindo, são estas as funções dos ministros extraordinários da comunhão:

a) distribuição da comunhão na missa;

b) distribuição da comunhão fora da missa, aos doentes, idosos ou a outras pessoas que com razão o solicitem;

c) administração do viático;

d) exposição do Santíssimo Sacramento para a adoração dos fiéis, mas não a bênção com o Santíssimo;

e) presidir a celebração da Palavra, onde não houver sacerdote[39].

Conforme o Padre Gerson Schmidt[40], na *Redemptionis Sacramentum*, já citada na nota de ro-

---

39. O Documento 108 da CNBB: Ministério e Celebração da Palavra, já distingue o ministro da palavra do ministro extraordinário da comunhão.

40. Graduado em Filosofia, Teologia e Jornalismo. Mestre em Comunicação pela Famecos/PUCRS.

dapé n. 39, esse ofício de distribuir a comunhão extraordinariamente entende-se conforme o seu nome em sentido estrito, o ministro é um extraordinário da sagrada comunhão, jamais um ministro especial, nem um ministro extraordinário da Eucaristia nem ministro especial da Eucaristia, pois o uso desses nomes faz ampliar indevidamente e impropriamente o seu significado. Somente o sacerdote validamente ordenado é o ministro capaz de gerar o Sacramento da Eucaristia. Por essa razão, o uso do termo ministro da Eucaristia só se refere ao sacerdote. Como dissemos acima, em razão da ordenação, os ministros ordinários da sagrada comunhão são o bispo, o presbítero e o diácono.

Os documentos da Igreja orientam que os ministros extraordinários da comunhão devem ser escolhidos entre membros da comunidade cristã respectiva e devem ser pessoas idôneas e com prática cristã exemplar. Os candidatos escolhidos pelo padre, antes de assumirem as suas funções, recebem uma formação litúrgica e doutrinal que lhes permita exercer a sua função com dignidade, zelo e decoro.

2 Há diferença na missa celebrada pelo bispo ou pelo presbítero?

A santa missa só é celebrada validamente por um sacerdote (presbítero ou bispo), portanto, qualitativamente, ela é sempre a mesma independentemente de quem a presida. É a maior oração da Igreja, pois aqui se passa a transubstanciação do pão e do vinho em Corpo e Sangue de Cristo.

O que pode acontecer é que quando presidida pelo bispo torna-se mais solene, podendo ter os sete candelabros acima do altar (cf. Ap 1,12-13; IGMR, n. 117), mais cerimoniários, acólitos e turiferário[41]. Mas será sempre o sacrifício redentor de Cristo, seja ela celebrada por um presbítero, seja pelo bispo.

3 Cruzes no altar

Iniciamos lembrando que o altar é a mesa da celebração, o que está por detrás dele é o retábulo e o contexto todo chamamos de presbitério.

41. O que carrega o turíbulo para queimar o incenso.

Sabemos que o centro da liturgia é o mistério pascal de Cristo, portanto, toda celebração litúrgica, e particularmente a santa missa, deverá tornar bem clara essa verdade teológica. O crucifixo, que de certa forma é um símbolo forte da Páscoa do Senhor, deverá estar sobre o altar. Se já tiver um pintado ou tridimensional nas suas proximidades dispensa-se que este se posicione em cima do altar. Essa norma se faz necessária porque a missa é o santo sacrifício, memorial da paixão, morte e ressurreição do Senhor.

A presença da cruz na celebração da missa está certificada desde o século V, portanto, nos primórdios da Igreja. Estando ali, o crucifixo recorda à assembleia e ao ministro que a vítima que se oferece no altar é a mesma que se ofereceu na cruz.

> Nunca podemos perder de vista que a missa é um sacrifício, [...] pois não podemos esquecer de que não há ressurreição sem cruz. O crucifixo no centro do altar, *ou nas proximidades dele*[42], indica que o sacerdote celebra a missa frente a Deus, e não como protagonista diante do povo. A cruz tira o protago-

---

42. Grifo nosso.

> nismo do padre e dá a Cristo; assim, tanto fiéis como sacerdotes vivem a missa olhando para Deus. A liturgia não é um diálogo entre sacerdote e assembleia. Sacerdote e povo não dirigem um ao outro sua oração, senão que, juntos, a dirigem ao único Senhor. O crucifixo sempre deve estar sobre o altar, salvo duas exceções: quando o Santíssimo Sacramento é exposto na custódia e quando a crucificação é a imagem central da pintura ou retábulo atrás do altar[43].

A Instrução Geral do Missal Romano (IGMR) diz o seguinte: "Sobre o altar ou junto dele coloca-se também uma cruz, com a imagem de Cristo crucificado, que a assembleia possa ver bem. Convém que, mesmo fora das ações litúrgicas, permaneça junto do altar uma tal cruz, para recordar aos fiéis a paixão salvadora do Senhor" (n. 308).

Assim fica claro que não precisa colocar uma cruz em cima do altar se no presbitério, seja no retábulo, seja junto dele, já existe uma.

---

43. Professor Felipe Aquino. Disponível em: http://pt.aleteia.org/2016/01/20/por-que-sempre-ha-um-crucifixo-nos-altares/ – Acesso em: 15 maio 2024.

4 Cor litúrgica nas toalhas do altar, nas outras alfaias e nas velas. Flores sobre o altar?

As cores litúrgicas, sejam elas verde, vermelha, roxa ou branca (dourada ou prateada), como também as cores rosa ou preta, ajudam, de certo modo, a interiorizar o culto. A Instrução Geral do Missal Romano (n. 345) nos diz que: "A diversidade de cores das vestes sagradas tem por finalidade exprimir externamente de modo mais eficaz, por um lado, o caráter peculiar dos mistérios da fé que se celebram e, por outro lado, o sentido progressivo da vida cristã ao longo do ano litúrgico".

A cor branca, dourada ou prateada é usada nas missas do Tempo Pascal e do Natal do Senhor, nas outras celebrações do Senhor, com exceção da Paixão, nas celebrações de Nossa Senhora, dos anjos, dos santos não mártires, na solenidade de Todos os Santos (1º de novembro ou no domingo seguinte), na Natividade de São João Batista (24 de junho), nas festas de São João Evangelista (27 de dezembro), da Cátedra de São Pedro (22 de fevereiro) e da Conversão de São Paulo (25 de janeiro). Já a cor vermelha usa-se no Domingo de Ramos e da Paixão do Senhor e na Sexta-feira Santa, no Domingo de Pentecostes, nas celebrações da Paixão do Senhor, nas festas dos apóstolos e evangelistas, com exceção de São João Evangelista, e nas celebrações dos santos mártires. A cor verde é usada em todas as missas do Tempo Comum; já a preta pode ser usada, onde for costume, nas missas dos defuntos. A roxa nos tempos do Advento e da Quaresma, com exceção dos domingos Gaudete (terceiro do Advento) e Laetare (quarto da Quaresma). Nesses dois domingos do ano pode-se usar o rosa, por ser a cor intermediária entre o branco da festa que se aproxima e o roxo do determinado tempo litúrgico preparatório (cf. IGMR, n. 346).

Quanto à cor litúrgica na toalha do altar, a IGMR (n. 117) diz o seguinte: "O altar deve ser coberto pelo menos com **uma toalha de cor branca**"[44]. Portanto, "pela reverência que devemos ter com a celebração do memorial da Última Ceia

44. Grifo nosso.

do Senhor e a este banquete em que é distribuído o Corpo e o Sangue de Cristo, o altar sobre o qual se celebra deve ser coberto com uma toalha branca, sempre em harmonia com a sua estrutura" (cf. IGMR, n. 304). O ideal é que a toalha caia somente nas laterais, deixando-o descoberto para que o sinal de Cristo, pedra angular e altar, se manifeste mais claramente.

A respeito das outras alfaias litúrgicas, a IGMR (n. 348) orienta: "Além dos vasos sagrados e das vestes sagradas, para os quais está prescrita determinada matéria, todas as outras alfaias destinadas ao uso litúrgico, ou a qualquer título admitidas na Igreja, devem ser dignas e adequadas ao fim a que se destinam".

Portanto, fica claro que a cor litúrgica deve transparecer, obrigatoriamente, nas vestes dos ministros ordenados, ou seja, daqueles que receberam o Sacramento da Ordem em qualquer um de seus graus. E que, com relação às outras alfaias, as quais o parágrafo acima orienta que deverão ser dignas e adequadas, concluímos **que não haja obrigato-**

riedade para que sejam confeccionadas conforme a cor do dia litúrgico, mas também nada impede que **com discrição** apareça algum sinal, seja nas toalhas dos altares laterais, que quase não se usam mais para celebração da santa missa, ou mesmo nas cortinas, véus do ambão e do sacrário e nas vestes daqueles que realizam ministérios próprios dos leigos durante a celebração da Eucaristia.

A respeito das velas que ficam em cima do altar, o mais comum é que sejam **sempre brancas**; já a coroa do Advento, que é um símbolo forte desse tempo litúrgico, **não é ritualizada** (ou seja, não aparece em nenhum livro litúrgico), apenas uma tradição europeia muito bem-acolhida no Brasil, que se espera contribua para a interiorização do culto. Sendo assim, tem-se liberdade para escolher as cores das velas da coroa, podendo ser todas brancas, ou com as quatro cores litúrgicas, ou ainda todas as velas vermelhas, ou três vermelhas e uma branca; conforme a piedade e o bom gosto intuir.

Com relação às flores, nunca devem ser colocadas em cima do altar, mas nas proximidades dele, tendo em vista a grandeza teológica do dia litúrgico celebrado. Deve-se ter atenção para o Tempo da Quaresma, em que nunca se usam flores, como também a moderação e sobriedade de uso delas para o Tempo do Advento; sem esquecer que no Domingo Laetare (quarto da Quaresma), elas poderão ser usadas, discretamente, já que esse domingo tem como finalidade uma certa antecipação das alegrias pascais.

5 Oração dos fiéis contextualizada com a realidade das comunidades

A oração comunitária dos fiéis, como a Igreja já faz desde seus primórdios, e conforme veremos no louvor final deste livro ao citar a *Primeira apologia* de São Justino de Roma, deverá ressaltar os desejos e anseios da comunidade celebrante, por isso mesmo o ideal é que sejam elaboradas para as determinadas realidades inseridas nos diversos contextos do cotidiano. A IGMR (n. 69) diz-nos que:

> Na oração universal ou oração dos fiéis, o povo responde, de algum modo, à Palavra de Deus recebida na fé e, exercendo a fun-

> ção do seu sacerdócio batismal, apresenta preces a Deus pela salvação de todos. Convém que em todas as missas com participação do povo se faça esta oração, na qual se pede pela santa Igreja, pelos governantes, pelos que se encontram em necessidade, por todos os homens em geral e pela salvação do mundo inteiro.

Como vimos acima, essas preces são motivadas pelos apelos da Palavra que foi escutada e meditada na homilia, seguindo a seguinte ordem: necessidades da Igreja; pelas autoridades civis e salvação do mundo; por aqueles que sofrem dificuldade; pela comunidade local e suas urgentes necessidades. Nas celebrações especiais como: Confirmação, Matrimônio, Exéquias[45], sempre conforme as circunstâncias do momento (cf. IGMR, n. 70).

Como veremos na *Apologia* de São Justino, compete ao que preside (no caso o sacerdote ou ministro da Palavra) dirigir da sede essa prece, introduzindo-a com uma breve exortação na qual convida o povo a rezar e, ao final, fazendo uma oração conclusiva. As intenções propostas devem

---

45. Celebrações para os defuntos (missas, encomendações, sepultamentos...).

ser sóbrias, com poucas palavras que exprimam as súplicas de toda a comunidade, evitando-se preces subjetivas e individualistas. A assembleia de pé responde a essa oração com um versículo repetitivo após cada invocação, ou mesmo o *Kýrie eleison*, ou, ainda, com o "Senhor, escutai a nossa prece".

O importante é que sejam orações universais e contextualizadas com o cotidiano da comunidade que celebra.

A espiritualidade dos tempos litúrgicos

Cristo na sua divindade independe do tempo, mas enquanto homem e Salvador manifesta-se no nosso tempo cósmico-histórico. O mistério de Cristo é apresentado em forma de memória (atualização dos fatos históricos relacionados à sua vida e obra pela ação do Espírito Santo) durante a vivência do ano litúrgico, que possui tempos bem determinados para cada período de celebração.

A participação ativa desse mistério é vivenciada na celebração da santa missa e na oração da Liturgia das Horas, tanto pelas orações oficiais como também pelos textos da Sagrada Escritura. No caso da celebração eucarística, nas escolhas das leituras, do salmo responsorial, do canto litúrgico, das orações do dia, da apresentação das ofertas e para depois da comunhão; já no Ofício Divino se caracteriza pelos textos da Bíblia e da Patrística[46], responsos breves, hinos e antífonas para os salmos e cantos do Evangelho, sobretudo nos tempos fortes dos ciclos do Natal e da Páscoa, como também do Santoral.

46. Sermões dos Padres da Igreja.

O ano litúrgico tem como fundamento duas colunas basilares, que chamamos de **ciclo do Natal**, em que se celebra a Encarnação do Verbo, e **ciclo da Páscoa**, celebração esta centrada na Redenção. Permeando esses dois ciclos temos o Tempo Comum e a celebração dos santos.

Nesses ciclos há uma preparação, a celebração da solenidade e uma vivência festiva. No caso do ciclo do Natal, a preparação é o Tempo do Advento; a celebração são as quatro missas do Natal e a vivência é a Oitava e Tempo do Natal até a Festa do Batismo do Senhor. A espiritualidade desse período nos convida a entrar em comunhão com o mistério das três vindas de Cristo, que veio na noite de Natal, vem nos sacramentos, sobretudo na missa, e que virá em sua glória, no fim dos tempos, para o julgamento e para entregar o seu reino ao Pai. Quatro figuras bíblicas nos acompanham nesse tempo: o Profeta Isaías, que nos mostra o cumprimento da promessa do Pai na Encarnação do seu Filho; João Batista, que convida a preparar um caminho interior para a chegada de Cristo, convocando-nos, também, para a vigilância; São José, que sonha e obedece, ensinando-nos que devemos estar sempre abertos a obedecer a Deus; e, finalmente, a Virgem Maria, que nos mostra como ser servos do Senhor, fazendo a sua vontade. A celebração do Natal nas três primeiras missas (da Vigília, da Noite e da Aurora) caracteriza-se em mostrar a historicidade de Jesus Cristo no tempo; já a missa do dia apresenta-nos um Natal teológico com o Evangelho do Verbo que sempre existiu e que agora se fez um de nós, assumindo a carne humana (cf. Jo 1). A vivência possui uma oitava com um Santoral: Santo Estêvão, o primeiro mártir a anunciar pelo próprio sangue que o homem Jesus de Nazaré é Deus; São João Evangelista, por apresentar a Encarnação do Verbo; e os Santos Inocentes, que glorificaram a Deus para proteger a fuga do Senhor para o Egito. No Tempo de Natal encontramos, também, a solenidade da Epifania do Senhor e a festa do seu batismo. A espiritualidade desses dias nos leva a sermos cristãos de epifania, ou seja, que buscam o Senhor como os magos e desejam manifestá-lo por meio de palavra e atitudes; que vigiam como os pastores e que agradecem o batismo inserido no Cristo, o qual santificou as águas batismais, pois Ele mesmo se fez batizar no Rio Jordão.

Já com relação à espiritualidade do ciclo da Páscoa, temos na preparação o Tempo da Quaresma, que nos convoca à conversão do coração por meio da penitência, da oração e das obras de caridade. O Tríduo Pascal nos faz adentrar no mistério do Cristo sofredor e glorioso, celebrando-o de maneira mística na Quinta-feira Santa, sob as espécies eucarísticas; na memória histórica, em sua Paixão que se desenrola na prisão, julgamento, caminho da cruz, crucifixão e morte e, finalmente, na memória escatológica, quando Ele passa para o Pai em seu Corpo agora glorioso, pois enquanto Deus nunca deixou o Pai. Portanto, a espiritualidade da Páscoa é a certeza da nossa ressurreição da carne no fim dos tempos, pois como nos ensina São Paulo, Jesus é o primeiro, depois os que pertencem a Cristo, a Virgem Maria, sua Mãe, os santos e todos nós que o aguardamos ansiosamente (cf. 1Cor 15,23).

O Tempo da Páscoa é um período mistagógico que se caracteriza por apresentar Jesus Ressuscitado presente em sua Igreja, como também o nosso destino, que é chegar à Jerusalém do alto. A solenidade da Ascensão do Senhor vem nos ensinar que já somos vitoriosos em Cristo, pois a nossa natureza humana se encontra, gloriosa, à direita do Pai. A solenidade de Pentecostes ensina que o Espírito Santo vem socorrer a nossa fraqueza para sabermos o que pedir, vem, ainda, ensinar-nos que na Igreja temos muitos membros, cada um com suas particularidades e dons que deverão ser desenvolvidos em favor da comunidade, pois há diversidade de dons, mas o Senhor é o mesmo de todos; diversidade de carismas, mas é o mesmo Deus que age; diversidade de ministérios, mas é o mesmo Espírito Santo que conduz (cf. 1Cor 12,4); portanto, a diversidade sem perder a unidade.

No Tempo Comum vivenciamos o cotidiano das nossas vidas, inserido no mistério de Cristo, apresentado pelos evangelistas Mateus (ano A), Marcos (ano B) e Lucas (ano C), sempre com mensagens profundas para a vivência do seguimento do Senhor. Celebra, portanto, o mistério na sua globalidade, realizando a cada domingo a Páscoa semanal, com mensagens que se pode inserir na vivência daquela semana litúrgica. Leva-nos a refletir também que o tempo é um dom de Deus e como o estamos utilizando na busca da santidade, que é um processo cotidiano e ao longo de toda a vida. Para não se cair na rotina, já que esse tempo é longo, contando 34 semanas, devemos alimentar a nossa vida de fé nos tempos fortes (Natal e Páscoa), encontrando o extraordinário no comum. Esse tempo nos leva a valorizar o que Deus nos concede, tanto nos grandes como nos pequenos acontecimentos, nas alegrias e tristezas, nas inseguranças e nos momentos de crise. Tudo nas mãos de Deus e orientado por Ele, tende a se resolver e nos aproximar dele. Assim, entramos no mistério das grandes e pequenas coisas e dessas últimas podemos tirar bons frutos para a vida interior. Desse modo, o Tempo Comum nos mostra que a nossa vida é um processo lento, mas gradual, na busca da santidade, a vocação do cristão.

O Santoral, que perpassa todos os tempos, aparece como uma coroa de exemplos a ser seguida, pelo testemunho que os santos realizaram em seus diversos contextos históricos e sociais. Eles são celebrados, inseridos em todos os tempos litúrgicos, para motivar em nós o desejo da santidade.

E todos esses tempos adquirem o seu sentido dentro da santa missa, o centro da liturgia.

Louvor final

Chegamos, por fim, às nossas últimas considerações, que aqui chamamos de louvor final. Isto porque damos graças e louvamos ao Senhor, que nos fez refletir sobre a liturgia da santa missa, a maior oração que o cristão católico eleva a Deus.

A finalidade da santa missa e de todas as nossas orações pessoais e gestos de piedade é levar-nos à conversão do coração e a uma maior amizade com Jesus Cristo, criando com Ele uma relação interpessoal. Esse relacionamento é fundamental para permanecermos unidos em seu amor, como nos ensinou no seu discurso de despedida, pronunciado no contexto da Última Ceia, a primeira missa que Jesus rezou: "Como meu Pai me amou, assim também eu vos amei. Permanecei no meu amor. Se guardardes os meus mandamentos, permanecereis no meu amor, assim como eu guardei os mandamentos do meu Pai e permaneço no seu amor. Eu vos disse isto para que a minha alegria esteja em vós e a vossa alegria seja plena" (Jo 15,9-11).

Neste louvor final gostaria de citar a *Primeira apologia* de São Justino (século II, aproximadamente ano 155), pois é o primeiro documento fora da Sagrada Escritura que trata da celebração da santa missa e do fervor dos cristãos nos primeiros séculos da nossa Igreja. É importante destacar que o dia mais solene para a Eucaristia é o domingo, dia em que o Senhor ressurgiu glorioso. São Justino fala que era no dia do sol[47], o domingo, que os cristãos se reuniam para essa finalidade. Ouviam textos da Sagrada Escritura e a exortação realizada por aquele que presidia (atual homilia), enquanto o tempo permitisse, sem pressa, pois é bom meditar as coisas do Senhor. Depois se faziam orações comunitárias (as preces). Vejamos o próprio texto:

> Terminadas as orações, damos mutuamente o ósculo da paz. Apresentam-se, então, a quem preside aos irmãos, pão e um vaso de água e vinho, e ele tomando-os dá louvores e glória ao Pai do universo pelo nome de seu Filho e pelo Espírito Santo, e pronuncia uma longa ação de graças em razão dos dons que dele nos vêm. Quando o presidente termina as orações e a ação de graças, o

47. Em algumas línguas, em que os dias da semana se originam do sistema solar, como o vocábulo domingo em inglês: *Sunday* (dia do sol).

povo presente aclama dizendo: **Amém**[48]... Uma vez dadas as graças e feita a aclamação pelo povo, os que entre nós se chamam diáconos oferecem a cada um dos assistentes parte do pão, do vinho, da água sobre os quais se disse a ação de graças, e levam-na aos ausentes. Este alimento se chama entre nós Eucaristia, não sendo lícito participar dele senão ao que crê ser verdadeiro o que foi ensinado por nós e já se tiver lavado no banho [batismo] da remissão dos pecados e da regeneração, professando o que Cristo nos ensinou. Porque não tomamos estas coisas como pão e bebida comuns, mas da mesma forma que Jesus Cristo, nosso Senhor, se fez carne e sangue por nossa salvação, assim também se nos ensinou que por virtude da oração do Verbo, o alimento sobre o qual foi dita a ação de graças – alimento de que, por transformação, se nutrem nosso sangue e nossas carnes – é a carne e o sangue daquele mesmo Jesus encarnado. E foi assim que os apóstolos, nas memórias por eles escritas, chamadas evangelhos, nos transmitiram ter-lhe sido ordenado fazer, quando Jesus, tomando o pão e dando graças disse: "Fazei isto em memória de mim, isto é o meu corpo". E, igualmente, tomando o cálice e dando graças, disse: "Este é o meu sangue", o qual somente a eles deu a participar... No dia que se chama do Sol [domingo] celebra-se uma reunião dos que moram nas cidades e nos campos e ali se leem, quanto o tempo permite, as memó-

48. Grifo nosso.

rias dos apóstolos ou os escritos dos profetas. Assim que o leitor termina, aquele que preside faz uma exortação e convite para imitarmos tais belos exemplos. Erguemo-nos, então, e elevamos em conjunto preces, após as quais se oferecem pão, vinho e água, como já dissemos. O presidente também, na medida de sua capacidade, faz elevar suas preces e ações de graças, respondendo todo o povo: "Amém". Segue-se a distribuição a cada um, dos alimentos consagrados pela ação de graças, e seu envio aos doentes, por meio dos diáconos. Os que têm e querem dão o que lhes parece, conforme sua livre-determinação, sendo a coleta entregue ao presidente, que assim auxilia os órfãos e viúvas, os enfermos, os pobres, os encarcerados, os forasteiros, constituindo-se, numa palavra, o provedor de quantos se acham em necessidade[49].

Destacaremos alguns elementos desse texto de São Justino, fundamental para a nossa fé e a liturgia da santa missa. Os elementos fundamentais: pão, vinho e água; e sobre eles se faz a grande ação de graças, ou seja, a Eucaristia propriamente dita. E, no fim desse louvor oferecido ao Pai, pelo Filho, na unidade do Espírito Santo (atual doxologia que

---

49. Disponível em: https://academico.arautos.org/2012/06/descricao-da-santa-missa-na-igreja-primitiva-por-sao-justino-martir/ – Acesso em: 31 jan. 2024.

conclui a oração eucarística), a comunidade toda aclama com o AMÉM. Esse amém sobressai como aclamação da comunidade, confirmando tudo o que foi dito pelo celebrante durante a oração eucarística, a grande prece de ação de graças, chamada pelos ritos orientais de **anáfora**, por ser a repetição memorial do que Jesus fez na Última Ceia.

Aqui aparece, também, a importância daquele que preside, pois é este que exorta o povo e oferece a ação de graças. Portanto, o ideal é que o presidente da celebração da missa também faça a homilia, e não outro concelebrante, já que desse modo teremos uma maior fidelidade às fontes.

Chamamos atenção para a memória dos apóstolos e escritos dos profetas, como está, hoje, nos lecionários, pois, na maioria das vezes, aparecem leituras retiradas dos livros proféticos e temos o Evangelho, que é a memória apostólica, em todas as missas.

Vale ressaltar, ainda, a presença dos diáconos e sua importância dentro da celebração eucarística, que é mais do que um mero ajudante do altar, pois, além de proclamar o Evangelho, seu serviço se estende, levando a Eucaristia para os enfermos, ou mesmo presidindo a celebração da Palavra nas comunidades com dificuldade de ter a presença do sacerdote com mais frequência.

Finalmente, o gesto da coleta de donativos para socorrer as necessidades dos mais frágeis: doentes, pobres, encarcerados, viúvas, órfãos e forasteiros. Em nossos dias, as paróquias e comunidades contam com pastorais em favor dessa gente. A coleta da missa contribui com eles, mas também supre as necessidades do culto.

Cremos que esta nossa exposição contribuiu para o povo de Deus católico entender, com maior profundidade, o que se passa na celebração eucarística, a fim de amá-la e participar com intensidade desse banquete que Jesus nos deixou na véspera de sua morte redentora, até a sua volta. A santa missa, sobretudo a dominical, apesar de ser um preceito da Igreja, não deve ser vista somente assim, mas como uma necessidade de se encontrar com o Senhor pela sua Palavra proclamada e meditada, e de alimentar-se do seu Corpo e Sangue, penhor de salvação eterna, pois Ele mesmo disse: "Em verdade, em verdade vos digo: se não comerdes a carne do Filho do Homem, e não beberdes o seu sangue, não tereis a vida em vós mesmos. Quem come a minha carne e bebe o meu sangue tem a vida eterna e eu o ressuscitarei no último dia. Pois a minha carne é verdadeiramente comida; e o meu sangue, verdadeiramente, uma bebida. Quem come a minha carne e bebe o meu sangue permanece em mim e eu nele. Assim como o Pai que me enviou vive, e eu vivo pelo Pai, assim também aquele que comer a minha carne viverá por mim. Este é o pão que desceu do céu. Não como o maná que vossos pais comeram e morreram. Quem come deste pão viverá eternamente" (Jo 6,53-58).

Passemos, portanto, a participar da santa missa (e não assisti-la) com mais amor e devoção, sabendo que nesse encontro cresce a nossa amizade com o Senhor, garantindo-nos um futuro na cidade do céu, onde o próprio Cristo nos servirá o seu banquete: "Estejam prontos para servir e conservem acesas as suas lâmpadas, como aqueles que esperam seu senhor voltar de um banquete de casamento; para que, quando ele chegar e bater, possam abrir-lhe a porta imediatamente. Felizes os servos cujo senhor os encontrar vigiando, quando voltar. Eu afirmo que ele se vestirá para servir, fará que se reclinem à mesa, e virá servi-los" (Lc 12,35-37). E, ainda, Jesus nos assegura: "Pois, isto é o meu sangue da aliança, derramado por muitos, para a remissão dos pecados. E vos afirmo que, de agora em diante, não mais tomarei deste fruto da videira até aquele dia em que beberei o vinho novo, convosco, no Reino de meu Pai" (Mt 26,28-29).

Por Cristo, com Cristo, em Cristo, a Vós, Deus Pai todo-poderoso, na unidade do Espírito Santo, toda honra e toda glória, por todos os séculos dos séculos.

AMÉM![50]

50. Doxologia final, que conclui todas as orações eucarísticas do rito latino (romano), com o grande amém, já apresentado na *Primeira apologia* de São Justino.

EDITORA VOZES LTDA.
Rua Frei Luís, 100 – Centro – Cep 25689-900 – Petrópolis, RJ
Tel.: (24) 2233-9000 – E-mail: vendas@vozes.com.br